本书由
中央高校建设世界一流大学（学科）
和特色发展引导专项资金
资助

中南财经政法大学"双一流"建设文库

中 | 国 | 经 | 济 | 发 | 展 | 系 | 列

我国上市保险公司系统性风险评估

胡 祥 著

中国财经出版传媒集团
经济科学出版社
Economic Science Press

图书在版编目（CIP）数据

我国上市保险公司系统性风险评估/胡祥著．—北京：经济科学出版社，2019.12

（中南财经政法大学"双一流"建设文库）

ISBN 978-7-5218-1148-3

Ⅰ.①我… Ⅱ.①胡… Ⅲ.①保险公司－上市公司－风险管理－研究－中国 Ⅳ.①F842.3

中国版本图书馆 CIP 数据核字（2019）第 287247 号

责任编辑：孙丽丽　撒晓宇
责任校对：王苗苗
版式设计：陈宇琰
责任印制：李　鹏

我国上市保险公司系统性风险评估

胡　祥　著

经济科学出版社出版、发行　新华书店经销
社址：北京市海淀区阜成路甲 28 号　邮编：100142
总编部电话：010-88191217　发行部电话：010-88191522
网址：www.esp.com.cn
电子邮件：esp@esp.com.cn
天猫网店：经济科学出版社旗舰店
网址：http://jjkxcbs.tmall.com
北京季蜂印刷有限公司印装
787×1092　16 开　9 印张　150000 字
2019 年 12 月第 1 版　2019 年 12 月第 1 次印刷
ISBN 978-7-5218-1148-3　定价：36.00 元
(图书出现印装问题，本社负责调换。电话：010-88191510)
(版权所有　侵权必究　打击盗版　举报热线：010-88191661
QQ：2242791300　营销中心电话：010-88191537
电子邮箱：dbts@esp.com.cn)

总　序

"中南财经政法大学'双一流'建设文库"是中南财经政法大学组织出版的系列学术丛书，是学校"双一流"建设的特色项目和重要学术成果的展现。

中南财经政法大学源起于1948年以邓小平为第一书记的中共中央中原局在挺进中原、解放全中国的革命烽烟中创建的中原大学。1953年，以中原大学财经学院、政法学院为基础，荟萃中南地区多所高等院校的财经、政法系科与学术精英，成立中南财经学院和中南政法学院。之后学校历经湖北大学、湖北财经专科学校、湖北财经学院、复建中南政法学院、中南财经大学的发展时期。2000年5月26日，同根同源的中南财经大学与中南政法学院合并组建"中南财经政法大学"，成为一所财经、政法"强强联合"的人文社科类高校。2005年，学校入选国家"211工程"重点建设高校；2011年，学校入选国家"985工程优势学科创新平台"项目重点建设高校；2017年，学校入选世界一流大学和一流学科（简称"双一流"）建设高校。70年来，中南财经政法大学与新中国同呼吸、共命运，奋勇投身于中华民族从自强独立走向民主富强的复兴征程，参与缔造了新中国高等财经、政法教育从创立到繁荣的学科历史。

"板凳要坐十年冷，文章不写一句空"，作为一所传承红色基因的人文社科大学，中南财经政法大学将范文澜和潘梓年等前贤们坚守的马克思主义革命学风和严谨务实的学术品格内化为学术文化基因。学校继承优良学术传统，深入推进师德师风建设，改革完善人才引育机制，营造风清气正的学术氛围，为人才辈出提供良好的学术环境。入选"双一流"建设高校，是党和国家对学校70年办学历史、办学成就和办学特色的充分认可。"中南大"人不忘初心，牢记使命，以立德树人为根本，以"中国特色、世界一流"为核心，坚持内涵发展，"双一流"建设取得显著进步：学科体系不断健全，人才体系初步成型，师资队伍不断壮大，研究水平和创新能力不断提高，现代大学治理体系不断完善，国际交流合作优化升级，综合实力和核心竞争力显著提升，为在2048年建校百年时，实现主干学科跻身世界一流学科行列的发展愿景打下了坚实根基。

"当代中国正经历着我国历史上最为广泛而深刻的社会变革，也正在进行着人类历史上最为宏大而独特的实践创新"，"这是一个需要理论而且一定能够产生理论的时代，这是一个需要思想而且一定能够产生思想的时代"[①]。坚持和发展中国特色社会主义，统筹推进"五位一体"总体布局和协调推进"四个全面"战略布局，实现"两个一百年"奋斗目标、实现中华民族伟大复兴的中国梦，需要构建中国特色哲学社会科学体系。市场经济就是法治经济，法学和经济学是哲学社会科学的重要支撑学科，是新时代构建中国特色哲学社会科学体系的着力点、着重点。法学与经济学交叉融合成为哲学社会科学创新发展的重要动力，也为塑造中国学术自主性提供了重大机遇。学校坚持财经政法融通的办学定位和学科学术发展战略，"双一流"建设以来，以"法与经济学科群"为引领，以构建中国特色法学和经济学学科、学术、话语体系为己任，立足新时代中国特色社会主义伟大实践，发掘中国传统经济思想、法律文化智慧，提炼中国经济发展与法治实践经验，推动马克思主义法学和经济学中国化、现代化、国际化，产出了一批高质量的研究成果，"中南财经政法大学'双一流'建设文库"即为其中部分学术成果的展现。

文库首批遴选、出版二百余册专著，以区域发展、长江经济带、"一带一路"、创新治理、中国经济发展、贸易冲突、全球治理、数字经济、文化传承、生态文明等十个主题系列呈现，通过问题导向、概念共享，探寻中华文明生生不息的内在复杂性与合理性，阐释新时代中国经济、法治成就与自信，展望人类命运共同体构建过程中所呈现的新生态体系，为解决全球经济、法治问题提供创新性思路和方案，进一步促进财经政法融合发展、范式更新。本文库的著者有德高望重的学科开拓者、奠基人，有风华正茂的学术带头人和领军人物，亦有崭露头角的青年一代，老中青学者秉持家国情怀，述学立论、建言献策，彰显"中南大"经世济民的学术底蕴和薪火相传的人才体系。放眼未来、走向世界，我们以习近平新时代中国特色社会主义思想为指导，砥砺前行，凝心聚

---

① 习近平：《在哲学社会科学工作座谈会上的讲话》，2016年5月17日。

力推进"双一流"加快建设、特色建设、高质量建设，开创"中南学派"，以中国理论、中国实践引领法学和经济学研究的国际前沿，为世界经济发展、法治建设做出卓越贡献。为此，我们将积极回应社会发展出现的新问题、新趋势，不断推出新的主题系列，以增强文库的开放性和丰富性。

"中南财经政法大学'双一流'建设文库"的出版工作是一个系统工程，它的推进得到相关学院和出版单位的鼎力支持，学者们精益求精、数易其稿，付出极大辛劳。在此，我们向所有作者以及参与编纂工作的同志们致以诚挚的谢意！

因时间所囿，不妥之处还恳请广大读者和同行包涵、指正！

中南财经政法大学校长

前　言

系统性风险一般是指金融市场中金融机构受某种外部冲击或者内部不可控因素的影响而导致整个市场发生连锁的、造成重大经济损失的危机的风险。近年来，系统性风险的研究逐渐在保险领域展开。保险行业的系统性风险虽然还没有统一的定义，但是有关保险行业的系统性风险评估方法已日趋多样。

自2008年全球金融危机以来，我国保险行业不断壮大，上市保险公司数量逐渐增多，资金余额投资于金融市场的数量不断增加，与金融市场的关联度不断提高，上市保险公司在金融市场的影响地位也有所提高。目前，金融市场"脱实向虚"的趋势加剧，存在系统性风险隐患，国家调结构、去杠杆的力度加大，党的十九大报告提到"要坚决打好防范化解重大风险、精准脱贫、污染防治的攻坚战，使全面建成小康社会得到人民认可、经得起历史检验"。我国上市保险公司系统性风险水平评估工作十分重要，本书的研究思路是基于DCC-GARCH模型，运用MES方法和ΔCoVaR方法计算出我国在A股上市的中国人寿、中国太平洋和中国平安，这3家保险公司从2008年1月2日至2018年11月22日的每日收益率的MES值和ΔCoVaR值。然后，分析近十年来我国上市保险公司的系统性风险情况，为评估我国上市保险公司的系统性风险提供研究经验，为在"时间"维度和"空间"维度上构建我国系统性风险监管框架提供实证参考。本书主要内容如下：

第一章绪论部分，主要阐述本书写作的研究背景及研究意义、文献综述，还有研究思路和研究方法、创新点和不足之处。

第二章，我国保险市场系统性风险的现实分析。分析我国上市保险公司系统性风险评估的现实背景。首先，结合我国当前的经济和金融环境，分析我国保险业系统性风险现状。其次，分析我国上市保险公司的系统性风险情况。

第三章，系统性风险评估方法的理论比较。介绍保险业系统性风险评估的方法。首先，总结系统性风险评估的方法，重点总结评估单个保险公司受保险业系统性风险影响程度的方法。其次，对评估单个保险公司受保险业系统性风险影响程度的 MES 方法和 ΔCoVaR 方法进行理论比较。最后，介绍用于估计 MES 方法和 ΔCoVaR 方法的理论模型的 DCC-GARCH 模型。

第四章，我国上市保险公司系统性风险评估的实证分析。基于从网易财经数据库得到的我国在 A 股上市的保险公司收益率数据，采用 DCC-GARCH 模型，通过 MES 方法和 ΔCoVaR 方法进行实证分析，从而评估出我国上市保险公司的系统性风险情况。

第五章，研究结论及政策建议。主要总结本书的研究结论，并有针对性地提出对我国保险业的系统性风险进行宏观审慎监管的建议。

本书根据最新的 A 股上市的保险公司每日收益率数据，从不同的维度和视角，不仅从"时间"和"空间"两个维度，而且还从"自上而下"和"自下而上"两个视角，基于 DCC-GARCH 模型，运用 MES 方法和 ΔCoVaR 方法评估发现，两种方法评估出的我国上市保险公司的系统性风险水平都受上市保险公司每日收益率的动态波动率水平的影响，具有顺周期性，并且与保险市场每日收益率的动态波动情况高度相关。但是，MES 方法评估的上市保险公司的系统性风险水平剧烈波动期间和 ΔCoVaR 方法评估的上市保险公司的系统性风险水平剧烈波动期间并不重合，反映上市保险公司和保险市场系统性风险互动具有分配和贡献两种方式，且分配主要集中于系统性风险事件发生期间，而贡献主要集中于系统性风险事件发生前后。

目　录

第一章　绪论
第一节　研究背景　　2
第二节　研究意义　　13
第三节　文献综述　　14
第四节　研究思路与研究方法　　25
第五节　创新与不足　　28

第二章　我国金融行业系统性风险的现实分析
第一节　金融行业系统性风险现状　　32
第二节　我国银行业和保险业系统性风险的差异　　37
第三节　我国保险业系统性风险现状　　42
第四节　我国上市保险公司的系统性风险情况　　68

第三章　系统性风险评估方法的理论比较
第一节　系统性风险评估方法介绍　　76
第二节　MES 方法和 ΔCoVaR 方法的理论比较　　81

第四章　我国上市保险公司系统性风险评估的实证分析
第一节　数据筛选及描述性统计分析　　92
第二节　数据稳健性检验　　94
第三节　系统性风险评估实证过程　　100

第五章　研究结论及政策建议
　　第一节　研究结论　　　　　　　　　　　　114
　　第二节　政策建议　　　　　　　　　　　　115
　　第三节　展望　　　　　　　　　　　　　　122

参考文献　　　　　　　　　　　　　　　　　124

第一章
绪　论

第一节 研究背景

一、宏观经济与保险业

2008年金融危机中,全球的实体经济遭受重创,美国经济形势不断恶化,也给保险业造成巨大冲击,以AIG集团为代表的保险公司亏损严重,因此这次事件引起金融界和监管者对保险行业系统性风险的关注与重视(陈伟国、张红伟,2010)。近年来,中国保险业发展迅速,财产保险和人身保险等传统核心业务规模不断扩大,随着监管的放开,保险公司不断扩宽资金运用渠道,保险业务创新加快,非核心业务大量增加,保险与实体经济的关联性增强。许多学者开始转向宏观经济波动对保险业系统性风险影响的研究,如卓志(2010)在经济周期的基础上构建保险业风险管理体系,把保险业系统性风险进一步划分为环境风险、行业风险和个别风险,并提出经济周期对保险业风险的冲击机制。

1. 国际宏观经济与保险业

根据瑞士再保险研究院(简称"瑞再研究院")发布的2019年sigma报告①,数据显示2018年全球国内生产总值(GDP)实际增长率达到3.2%,考虑到世界发达市场和中国经济增长放缓,研究院预测2020年全球经济增长率将下滑至2.8%左右,并预测中国的经济在2019年和2020年仍保持稳定增长,虽然全球经济保持着正的增长,但经济增速却在放缓,在这样的经济环境下,未来两年经济仍然能够推动保险需求上升,但是全球贸易问题导致贸易增长疲软则对相关险种业务的开发不利。从长期来看,由于发达经济体的保险市场已经逐渐达到饱和,经济增长缓慢,未来新兴市场占全球保费收入总额的比例不断增

---

① 瑞再研究所:2019年sigma报告《世界保险业:重心继续东移》,2019年。

加,且新兴市场的保费增速将继续超过 GDP 的增长率,因此瑞再研究所预测,到 2029 年整个亚太地区(包括该地区的发达市场)的保费将占到全球份额的 42%。鉴于以上分析的全球经济现状,全球保险公司面临的宏观经济环境有以下几个方面:

(1)全球经济增长和通货膨胀。

2017 年全球经济增长率为 3.3%,2018 年为 3.2%,瑞再研究院预测的 2019 年全球经济增长仍然保持稳定,约为 3.2%,其中,中国对全球经济增长的贡献最大,达到 1/3,2022 年中国的经济增长可能放缓至 6.1%。欧洲、美国、日本的经济亦同样面临放缓的趋势,只有新兴市场(不包含中国)能够保持稳定的经济增长。经济放缓的主要原因是贸易疲软,尤其是美国对中国施加的关税有重大的影响,只要中美贸易摩擦升级,关税就会继续对全球贸易造成不利影响,全球贸易减少会抑制保费的增长,尤其是航运险和贸易信贷险,不过服务贸易和数字化的发展又使得保险公司能够承保新的业务,例如公司资产负债表的无形资产风险,开拓新的风险渠道。全球就业的放缓对保险市场来说也是一项重大的宏观经济动态,2018 年全球就业情况良好,但瑞再研究院预测未来两年虽然就业会继续增长,但是增速会下滑,和经济增长放缓的趋势保持一致,如德国已经出现劳动力短缺,限制了进一步的就业岗位创造;英国因为脱欧变数影响,就业增长明显下滑。学者普遍认为良好的就业市场能促进团体保险需求的增加,由于预期未来两年就业增长放慢,这一动力将受到限制。通货膨胀和工资是影响索赔的关键因素,尤其是对意外险等长尾保险业务,美国劳动市场劳动力短缺造成工资上涨压力增长,欧元区的通货膨胀较为温和,考虑到欧洲劳动力短缺更为严重,则预测未来通货膨胀会缓慢上升。一方面,工资上涨会导致寿险公司保费增加,特别是团体寿险行业;另一方面,名义工资的上涨会导致索赔额随着意外险或残疾险的增加而增加。

(2)利率和风险资产。

瑞再研究院认为至少未来两年,全球保险业会继续面临低利率的环境,在贸易争端的不确定加大和全球经济增长疲软的背景下,研究者预测美国联邦储备委员会(美联储)在 2019 年降息,欧洲中央银行(欧洲央行)的存款利率在 2021 年前都将保持负值,日本实施零利率政策已有 20 年,未来利率政策仍然是不确定的,中国人民银行(中国央行)会继续实施宽松的货币政策,基于此,研究者认为未来数年长期债券利率只会小幅增加，收益率仍然保持较低水平，尤其是德国和日本的收益率接近于零。如果全球经济和金融环境继续恶化，各国央行可能会继续采取"央行看跌期权"，虽然一定程度上有利于风险资产，但效果却大打折扣。

（3）全球宏观经济面临的风险。

贸易摩擦是最主要的经济威胁，我们可以从18年以来中美贸易摩擦的纠纷中看出贸易摩擦对世界经济的影响，中美贸易纠纷可能会达成和解，找到解决方案，但是当下的贸易摩擦已升级到技术转让和知识产权的高度，是一场"科技战"，这一问题在中长期内将会一直存在。中国是全球主要经济体之一，对全球经济增长的贡献起着不可替代的作用，随着中国经济转型升级，国内许多问题逐渐暴露出来，经济增速放缓，是一项全球风险，中国经济增速大幅度下降对全球的经济将是致命性的打击，会产生严重的后果，如研究表明：中国经济增长率下降至3%时，全球GDP可能下降2%。其他的全球风险还有英国脱欧的不确定性、对欧盟和货币联盟长期稳定性的担忧、北欧和西欧关于财政问题的分歧、移民问题、民粹主义和民族主义力量的日益强大，这些问题都可能威胁着全球经济的稳定增长。

（4）全球保险市场发展趋势。

2018年全球原保险市场的保费收入达到5.193万亿美元，首次突破5万亿大关，其中寿险业务由于受到中国寿险业疲软的影响而出现增长下滑，非寿险业务表现稳定，考虑到中国的寿险业在接下来两年会逐渐复苏，全球寿险业的增长会好转，非寿险业务增长趋势会继续保持。全球保险市场的一个明显趋势就是：保险的重心继续向东移，在发达经济市场，非寿险业务保费增长率和宏观经济增长趋势大致保持一致，而寿险业务保费增长却低于宏观经济增长；然而新兴市场的保费增长率高于宏观经济增长轨迹，尤其是对中国市场来说，寿险和非寿险业务保费增长率都高于经济的增长率，中国占全球保险市场的份额在1980年还是0，然而到2018年全球份额占比达到11%，预计10年后份额将达到20%，根据瑞再研究所的预测，在20世纪30年代中期，中国保险市场的规模将超过美国成为全球第一大保险市场。在保险的盈利能力方面，低利率环境会继续影响寿险业的盈利水平，尤其是欧洲和发达国家市场，寿险的储蓄型业务会持续面临着困境。在再保险市场规模方面，2018年全球再保险分保额达到2 600亿美元，占直接保费收入的5%，瑞再研究院发布的数据表明非寿险业务的分保高于寿险业务的分保率，因为寿险业的主导业务是储蓄型业务，不需要再保险。

2. 国内宏观经济与保险业

纵观保险行业发展的历程，可以发现一个现象：宏观经济发展和保险行业增长息息相关，二者相互促进，相互影响。经济的快速发展能够提高保险的购买力，经济发展规模的扩大也增加了社会风险载体，同时释放出更多的保险需求。中国保险行业起步较晚，在实行改革开放的同时恢复保险业发展，因此保险行业便搭载着改革的快车，迎来发展的黄金时期。宏观经济与保险的相互作用表现在：中国实行改革开放以后，经济快速发展，社会各阶层收入快速持续提升，居民在满足基本生活以后，会进一步考虑更高层次的消费，这时人身、养老、医疗保险等消费增加。从企业的角度来讲，国民收入增加时，企业会增加投资，扩大生产规模，生产规模扩大又需要保险来保障企业的各种生产经营风险，保险的需求进一步提升。另一方面，保险业的发展也会促进宏观经济稳定均衡增长。首先，保险的风险保障和损失补偿功能能为生产者提供一个更稳定的投资环境，良好的生产外部环境刺激投资增加，从而带动国民经济增长；其次，保险是现代服务业的重要组成部分，保险行业的发展可以带动劳动人口就业，就业率提高，从而促进宏观经济增长；最后，现代保险业也具备金融属性，随着保险业务的逐渐拓展，保险的资金规模越来越大，尤其是寿险产品经营的特殊性，具有负债周期长等特点，保险资金便成为资本市场的重要支柱，在稳定金融市场、促进实体经济发展中起着不可替代的作用。由此可知，宏观经济和保险行业存在双向影响，理论上来看，保险的金融属性使得保险市场也是金融市场的构成部分，宏观经济的周期性机制作用于金融市场时，也会对保险市场发生作用，当宏观经济发生波动时，保险行业也会因此受到干扰，经济系统潜在的风险会波及保险行业，而保险行业一旦发生系统性风险，对整个宏观经济的打击将是巨大的。

2015年中国经历了一场持久的股市低迷，投资者对中国资本市场失去信心，大量资金外流（梁斯，2017）。其中一项措施是出台《基本养老保险基金投资管理办法》，放开养老保险基金的限制，养老保险基金投资于股票、基金等风险资产可达到30%，大量资金开始进入股票市场，养老金入市能够促进股票市场发展。与此同时，对于养老金入市不能只有收益预期而没有风险预期。养老金入市，在提升了投资收益的同时，投资安全性则有可能下降。市场的起起落落，必然导致入市养老金的市值随之起伏。如何维持养老金的投资安全也是一大考验。

（1）宏观经济下行压力大。

当前我国宏观经济面临着较大的下行压力，从内部环境来看，诸多不确定因素加大，企业投资不足，实体经济增速不断下滑，资金不断脱实向虚，金融行业不能有效服务实体经济，金融体系面临着巨大的系统性风险，房地产行业泡沫加剧，地方债务风险加大，经济运行的各方面风险逐渐积累（潘泽清，2018）。从外部环境来看，全球经济增速疲软，中美贸易摩擦不断升级，这些问题给经济运行带来一定的潜在风险，"守住不发生系统性金融风险的底线"被国家放在经济发展的重要地位。近年来，宏观经济面临的风险中尤为突出的是房地产相关风险，房地产行业是宏观经济增长的重要支柱，一旦房地产行业进入下行期，对金融行业的打击将是巨大的，若房地产行业风险爆发，会冲击银行业资产，进而通过金融机构的关联性把系统性风险传染给保险等其他金融机构，最终影响整个宏观经济（汪川，2017）。2018年以来，中美贸易摩擦持续受到社会各界的关注，未来中美贸易站仍有很大的不确定性和长期性，因此学者开始关注中美贸易摩擦对金融系统性风险的影响。理论上看，中美贸易摩擦对金融系统是一种负外部冲击，这种负外部冲击首先是使金融机构遭受持续的直接损失，在金融杠杆的作用下，最终导致整个金融体系系统性风险的发生。而中国金融体系发展还不成熟，很多方面远不如美国，抵御系统性风险的能力和经验都不足，研究也发现中美贸易摩擦对中国整个金融系统，包括银行、证券、保险等行业的系统性风险具有显著的正向效应，而且会放大系统性风险的走势，不过银行业抵御外部冲击的能力强于其他金融机构，但是不可忽视的是目前金融机构间的联系加强，保险和证券业的系统性风险也会传给银行业（和文佳、方意，2019）。

（2）金融行业扩大对外开放水平。

2018年以来，中国政府继续扩大金融行业的对外开放水平，加快推进银行保险业对外开放的步伐，一方面，中国能够学习借鉴发达国家建立完善的金融体系的经验，尽快缩小与世界金融市场的差距；另一方面，由于加强了与其他地区的金融联系，局部的金融风险会扩散至其他地区，也会波及中国的金融市场，系统性风险不再是局部、某一国家，而是全球的风险（张明，2014）。2008年金融危机就是一个典型的例子，由于经济、金融的全球化，美国的金融风险迅速波及其他国家，带来全球金融危机。因此，随着对外开放程度的加深，中国金融市场面临的潜在风险增加，由于中国金融机构混业经营趋势明显以及关联度加强，金融市场一旦面临系统性风险，势必会波及保险行业，进而影响到保险行业的稳健发展（孙祁祥，2015）。

二、保险业系统性风险评估受金融监管的重视

金融领域的系统性风险的概念最早由美国经济学家威廉·夏普提出。最初，这是一个微观概念，意指证券市场的不可分散风险（systematic risk）。随着科学技术和经济贸易的发展，各国金融市场体系逐渐发展完善，全球金融一体化进程也向前发展，全球金融市场关联日益密切，金融脆弱性也日渐加剧，使得金融危机发生的概率增加。系统性风险也随之发展成了一个宏观概念，意指由金融系统各部分相互关联和互相作用而影响到金融系统的整体稳定性，从而引发金融危机的系统性风险（systemic risk）（陈志刚，2018）。

虽然系统性风险的概念由来已久，但是至今都没有一个统一的系统性风险定义，研究者大多从系统性风险的来源、特征和传导机制等方面入手，对系统性风险进行界定。目前，国内外有关系统性风险的界定和评估方法的研究主要集中在银行业。在保险业，2008年全球金融危机发生前，国际上关于系统性风险的研究有一个共识，即保险业不存在系统性风险。2008年全球金融危机的发生使得人们意识到，有必要开始保险业系统性风险的界定和评估方法的研究，以便识别出保险业系统的重要性机构，防范保险业带来金融危机（刘志洋，2018）。

2008年全球金融危机发生后，各国金融监管部门更加重视监管保险业系统性风险，并开始从仅依靠微观审慎监管，转向微观和宏观审慎监管相结合。宏观审慎监管主张建立指标体系评估系统重要性机构，对系统重要性机构的系统性风险进行量化分析，从而用预警指标来评估整体的系统性风险水平（张天项、张宇，2018）。首先，日内瓦协会（Geneva Association）自2009年开始，连续四年出版有关保险业系统性风险的报告，并于2011年发布的报告中，推荐采用基

于系统性风险活动建立指标体系的方法,来评估保险业系统重要性机构。其次,参照二十国集团(G20)委托金融稳定委员会(FSB)为各国金融监管机构制定的全球系统重要性金融机构的评估标准,国际保险监督官协会(IAIS)沿用日内瓦协会推荐的评估方法于2013年发布了全球系统重要性保险机构(G-SIIs)的评估标准。但是,国际上仍没有公认最有效的保险机构系统性风险的评估方法。在识别出保险业系统重要性机构后,对其系统性风险进行量化评估的方法还有待研究者探索。

偿付能力监管是当前监管者对保险监管的核心,尤其是制定合理的最低资本监管标准更为重要。学界认为最低资本监管标准要求太严格会限制保险行业的发展,但是最低资本监管要求过于宽松又起不到监管预警的作用,反而会增加保险行业的整体风险(陈峰、徐尚朝,2018)。因此世界各国都在保险偿付能力监管方面不断进行改革与创新。以下则以美国的风险资本监管系统(Risk-Based Capital System,RBC)、欧盟的保险偿付能力监管标准Ⅱ(简称"欧Ⅱ")以及中国的第二代偿付能力监管体系(以下简称"偿二代")为例进行论述。

美国在对保险公司的监管上取得了很大的进步,在20世纪90年代中期便着手建立保险的风险监管标准RBC体系。在此之前,美国各州对保险公司的监管通常是设定一个最低法定资本金和超额资本金,比如法定资本金划定额度为100万或者200万美元,这个数额对小型保险公司可能是一笔大数目,但是对于大型或者跨国保险公司来说就是九牛一毛,因此为了强化保险公司的偿付能力监管,在1993年对财产保险公司实施风险资本监管(RBC),在1994年对人寿保险公司实施风险资本监管标准。通过借鉴巴塞尔协议对银行资本充足性监管的经验,构建风险资本比率以评估保险公司的资本和盈余充足性。RBC监管系统最突出的特征是,在充分考虑资产和负债可能发生的各种风险的基础上,根据保险公司的业务规模和风险程度设定资本要求,而且针对寿险、产险分别对应不同的RBC计算公式。此外,美国保险监督部门还在对保险公司的财务报告监管中加入逆周期监管。之后不断地进行风险调整,美国的RBC监管已日趋成熟。欧盟的偿付能力监管体系是另一种具有代表性的监管模式,随着保险行业的快速发展,Solvency I已无法满足偿付能力的监管要求,因此在2007年,欧盟提出实施保险偿付能力监管标准Ⅱ,它的目的是建立以风险为基础的监管体制,严格要求责任准备金和资本要求,不仅考虑单个公司的偿付能力指标,还考虑了公司的治理结构、行业风险和整体偿付能力。欧Ⅱ在巴塞尔协议的基础上,构建了包含定量要求、定性要求、信息披露的三支柱体系,第一支柱是通过标准方程或者内部模型确定偿付能力资本要求(SCR)和最低资本要求(MCR),第二支柱强调公司自身的风险管理和治理结构,第三支柱要求公司向公众和监管部门定时公开偿付能力和财务状况报告。

我国在"偿一代"无法顺应保险监管的新要求时,2012年原中国保险监督委员会(简称"保监会")对"偿一代"进行了修改,并启动"偿二代"的监管标准规划,2016年偿二代监管体系正式实施。偿二代采用国际通行的定量资本要求、定性监管要求和市场约束机制,同时在风险分层理论、三支柱逻辑关联、资产负债评估框架、寿险合同负债评估、风险管理要求与评估(SARM-RA)、风险综合评级(IRR)、市场约束机制等多个方面充分体现中国新兴市场的特征,多轮测试结果表明中国的偿二代是一套科学的监管体系,它的主要内容见表1-1。

表1-1　　　　　　　我国偿二代三支柱监管主要内容

三支柱	风险类型	监管工具	评价标准
第一支柱	量化风险(保险风险、信用风险、市场风险)	量化资本要求、实际资本评估、资本分级、压力测试、监管分级	综合偿付能力充足率、核心偿付能力充足率
第二支柱	难以量化的风险(战略风险、操作风险、声誉风险、流动性风险)	风险综合评级、风险管理要求与评估、流动性风险、检查与分析,监管措施	风险综合评级、控制风险得分
第三支柱	难以监管的风险	公司信息披露、监管信息披露、信用评级	市场评价等

三、我国保险市场存在潜在系统性风险隐患

2008年全球金融危机发生后,我国国务院出台了"四万亿"一揽子货币财政刺激计划,对内实行量化宽松的货币政策,这给储蓄率过高而资本市场欠发

达的我国造成高杠杆率、产能过剩等金融危机隐患。2013年银行业以及2015年资本市场的表现都体现出我国金融业潜在的系统性风险。根据金融危机的周期理论,金融危机的周期大约是10到11年。2017年我国的金融周期指数显示,中国已到达一个金融周期的峰顶。2018年以来,中美贸易摩擦等国际事件的发生也使得我国的经济处于不良发展环境中。

这些潜在系统性风险的表现引起了政府的高度重视,为了防范下一次金融危机的发生,2015年,我国政府出台了《十三五时期防范系统性风险的认识和思路》,强调要化解存量风险、防范增量风险;2017年4月的中央政治局集体学习会议提到"要守住不发生系统性风险的底线";十九大报告也提到了"要坚决打好防范化解重大风险、精准脱贫、污染防治的攻坚战,使全面建成小康社会得到人民认可、经得起历史检验";2017年12月的中央经济工作会议也提到了"防范化解重大风险,重点是防控金融风险";2018年4月,习主席在博鳌亚洲论坛上发言称我国金融市场对外开放遵循"宜早不宜迟,宜快不宜慢"的精神[1],我国要逐步放宽金融市场的境外机构准入限制。

具体到保险业,我国政府于2009年颁布的新版《保险法》对保险资金运用的范围和领域进行了拓宽。2012年原保监会13条投资新政连发,大力支持保险公司运用保险资金投资实体经济。2014年"新国十条"的颁布也鼓励探索保险资金运用的新领域。这一系列与保险资金运用有关的行业政策规定,使得我国保险业的保险资金运用余额逐年增长,其中相当大一部分保险资金进入了资本市场。自2015年以来,我国保险业出现了投连险和万能险火爆、大额险资举牌房地产企业的现象。我国资本市场不够完善,保险资金的来源和去向披露机制不够健全,埋下了保险业系统性风险的隐患。

与此同时,一方面,我国银行业和保险业的业务交叉不断加深,金融领域呈现"混业经营"趋势(刘志洋、宋玉颖,2015)。另一方面,我国上市保险公司呈现集团化经营的趋势,到2018年,我国已有十一家大型保险集团。更重要的是,国际保险监督官协会在2013年、2014年和2015年发布的评估结果中,连续三年将中国平安保险集团评为全球系统重要性保险机构。中国平安保险集团是在我国A股上市的保险公司,其市场份额较大,行业集中度和关联度较高,

---

[1] 习近平:《开放共创繁荣,创新引领未来》,博鳌亚洲论坛2018年年会。

对我国保险业的发展影响较大，受系统性风险的影响也较大。我国在 A 股上市的其他几家保险公司也是潜在的系统重要性保险机构，保险公司上市后与金融资本市场的关联度加强，其受系统性风险的影响也较大。

2018 年，国家宣布进一步扩大金融行业对外开放水平，加快保险行业的开放进程，放开外资保险公司的经营范围，降低外资保险公司的进入门槛。一方面，这一举措表明我国的保险行业正在逐渐和国际保险行业接轨；另一方面，对外开放也会导致我国的保险公司面临着外资保险公司和国际保险市场带来的各种风险冲击。我国保险公司面临的风险主要如下：一是保险基金运用的风险，考虑到我国保险行业起步晚，粗放发展，所以在发展的进程中难免会遇到各种粗放型发展问题，随着保险资金的经营范围复杂化，资金运用的风险也随之暴露，如恒大人寿的宝能系事件、2018 年原保监会接管安邦集团事件，都是保险资金运用出现风险的缩影。保险的基本职能就是经济补偿，如果保险公司在经营活动中出现偿付能力不足，那么势必影响保险职能的发挥，随着外资保险公司的进入，外资也要进入我国金融投资活动中，因此，我国的保险资金运用面临的风险更严峻。二是保险经营的风险，进入我国保险市场的外资保险公司大都是国际保险集团，它们资金实力雄厚，拥有先进的经营、服务理念和成熟的技术手段，而反观我国的保险公司，由于历史原因，它们在经营上面临着保险产品单一、不注重理赔、保险的后续服务不到位等粗放型问题。因此外资保险公司的加入可能迅速占领我国的保险市场，对国内保险公司来说是一项挑战。三是保险监管风险，目前我国的保险监管制度尚未完善，还没有建立起与国际接轨的保险法律法规体系，仍然存在一些监管漏洞，一旦外资保险公司进入国内保险市场，对我国的保险监管部门来说是一个很大的挑战，需要同时兼顾公司的偿付能力、市场行为和公司治理等多方面。四是保险市场行为风险，保险市场行为是指保险公司的目标是占有更高的市场份额和获得更高的利润，由于保险产品定价的复杂性，我国保险公司不是以成本为基础，而更多的是追求保费收入最大化。随着外资保险公司的进入，这个问题对国内保险公司来说将会越来越突出，外资保险公司在定价中更具理性化，在资金投入和创新方面更具有优势，能够不断的研发新产品，对我国的保险公司来说又是一个不可忽视的风险。

除此之外，《中国保险业风险评估报告》（2018）指出，我国保险行业加快回归本源，产品保障功能增强，行业总体风险可控，但保险行业面临的形势依然不容乐观。一方面，国际经济金融形势混乱复杂，保险行业面临许多潜在风险；另一方面，我国保险行业正处在防范化解风险攻坚期、多年积累的深层次的矛盾和保险转型升级阵痛期的"三期叠加"阶段，一些重要性保险公司的风险逐渐显现，跨行业、跨市场的风险传递加快，此外保险监管还处于自我改善阶段。行业面临的具体风险有：第一是部分公司出现较大的流动性风险，尤其是部分人身险公司正经历业务调整，面临保费收入下降、退保增加的困境，现金流出压力增大，需要预防这些公司的流动性风险。第二是人身险业务转型面临许多挑战，如中小公司开发保障型产品的能力不足；行业整体风险和保险风险最低资本监管要求提高，加之民营资本流入的减少，导致人身险偿付能力下降；在我国监管要求保险回归保障本源的基础上，保险公司面临的风险逐渐长期化，对保险公司的风险管理与产品经营提出了更高的要求。第三是产险公司经营压力增大，车险方面，市场竞争依然火热化，高费用使得中小保险公司难以为继；非车险方面，虽然保费收入增长很快，但承保亏损也较为严重，经营中出现许多问题，未来需要持续关注非车险业务的风险。第四是资产负债管理能力面临着利率风险，首先利率市场波动加大，导致保险公司固定收益类资产的难度加大，如果未来利率持续走低，保险资金会面临更大的投资风险；其次，市场竞争激烈导致保单的成本居高不下，迫使保险公司转向风险偏高的投资产品，进一步加大市场风险。其他风险还有公司治理和规范经营的问题、信用风险增加等。

我国保险业潜在系统性风险隐患的表现也引起了政府的高度重视，中国保监会于2016年出台了《国内系统重要性保险机构监管暂行办法（征求意见稿）》和《国内系统重要性保险机构监管暂行办法（第二轮征求意见稿）》。自2013年5月开始筹建的中国第二代偿付能力监管制度体系（C-ROSS），目前已经在全国范围内实施。2018年初，中国银行监督委员会（简称"银监会"）和保监会合并成立银保监会，坚持"放开前端，管住后端"的监管方针，采取"穿透式"的监管办法，加大了对保险公司的"险资举牌"行为的监管力度和对保险类机构的营业牌照发放的控制力度，这体现了我国保险业防范系统性风险的决心，也体现了评估我国上市保险公司系统性风险的急迫性。

第二节 研究意义

一、理论意义

长期以来,理论界一致认为保险公司并不能产生系统性风险,在监测系统性风险动态变化时并未考虑保险市场,对保险行业的风险指标关注不多。然而2008年金融危机爆发以后,关于系统性风险的研究迅速增多,学术界和政府不仅意识到银行业的系统性风险需要关注,非银行金融机构的系统性风险也是需要关注的重点。随着保险行业的快速发展,与其他金融机构的联系加强,保险行业的系统性风险与其他行业的关联引起了学界的重视,开始注重保险行业的风险变动波及其他金融行业,由此引发金融危机的研究。考虑到目前我国保险行业发展的特殊情况,保险监管仍处在不断改革完善中,关于我国保险行业的系统性风险关联研究不能照搬发达国家的现有成果,需要考虑我国的实际情况。

我国保险行业的系统性风险评估研究还处在初步探索阶段,亟须学界对保险行业的系统性风险评估进行更深入的研究,积累更丰富的经验。本书基于理论假设,通过比较和运用 MES 方法和 $\Delta CoVaR$ 方法,从"自上而下"的分配视角和"自下而上"的贡献视角,在"时间"和"空间"两个维度上,对我国在 A 股上市的保险公司,自2008年全球金融危机发生至今,受系统性风险影响的敏感度和对系统性风险的贡献度进行评估。这有助于积累我国保险行业的系统性风险评估研究的实证经验,同时也有助于为整个金融体系的系统性风险评估研究提供实证经验。

二、现实意义

2016年我国保费规模居全球第二,已成为名副其实的"保险大国",对国家经济发展做出了重要贡献,然而,我国保险行业市场竞争激烈,尤其在车险市场存在无序、恶意竞争,少数保险公司杠杆率很高,公司偿付能力存在安全隐患,随着混业经营的发展,国内出现了多家涉及银行、信托、证券等领域的大型保险控股集团公司,保险行业和其他金融行业联系更加密切,若缺乏有效的监管和治理,一旦保险行业出现危机势必影响到整个金融系统,进而影响到国家金融安全。因此,保险行业在面临着复杂的市场环境下,防控系统性风险的发生变得尤为重要,而防控的前提是识别保险行业系统性风险。

目前我国处于系统性风险累积阶段,金融领域潜伏着大量系统性风险,保险行业对整个金融体系的系统性风险事件产生的作用增强,上市保险公司受到保险业系统性风险的影响也在增强,急需对我国上市保险公司的系统性风险溢出度和敏感度进行评估,从而根据评估结果采取有效的保险行业的系统性风险监管措施(强国令、王梦月,2018)。本书基于理论假设,通过 MES 方法和 ΔCoVaR 方法,从"自上而下"的分配视角和"自下而上"的贡献视角,在"时间"和"空间"两个维度上,评估从 2008 年全球金融危机发生至今,我国在 A 股上市的保险公司的系统性风险的溢出度和敏感度。这有利于为我国保险监管部门提出有效的系统性风险监管建议,促使其跟上国际金融监管的趋势;同时也有利于维护我国保险行业和金融体系的稳定,促进我国上市保险公司、保险行业和金融体系的良性发展,防止全球金融危机的再次发生。

第三节 文献综述

国内外有关系统性风险的研究开始于 1964 年,之后不断发展,但是研究主要集中于金融领域的银行业和信托业、证券业(白永秀、任保平,2007)。在 2008 年金融危机以前,许多人认为保险公司并不是系统性风险的创造者,如艾伦等(Allen et al.,2000)认为保险的非银行活动会提高银行的系统性风险,研究者基本上得出保险公司并不能产生系统性风险。2008 年危机以后,美国保险集团(AIG)等大型国际保险集团相继出现风险事件,并迅速蔓延到其他金融领域,给全球的金融活动造成了巨大冲击,有关保险系统性风险研究才得到重视。如比利奥(Billio et al.,2012)采用主成分分析法和格兰杰因果法,测量了银行、基金、证券、保险金融机构在过去10年的相互关联度,发现四大金融机构的关联度上升且趋于复杂,保险行业的系统性风险持续上升。施瓦茨等(Schwarcz et al.,2014)得出保险业在一定程度上能够造成系统性风险。根据完颜瑞云,锁凌燕(2018)总结得出:研究者普遍认为传统保险业务并不会产生系统性风险,能够创造系统性风险的是非传统业务,因为保险业的创新与金融行业的混业经营,保险公司的非传统业务增加,使得保险公司成为金融领域的系统重要性。

有关保险业的系统性风险的研究在 2008 年全球金融危机之后才开始出现,国内外相关文献较少,且保险业的系统性风险的研究多是借鉴银行业的系统性风险的研究理论和实证经验(高姗、赵国新,2014)。所以,笔者将所读的银行业和保险业系统性风险的研究文献合并,按本书研究内容分类进行评述,主要分为有关系统性风险界定的文献综述、有关系统性风险的影响因素的文献综述、有关系统性风险评估方法的文献综述、有关系统性风险监管的文献综述。其中,有关系统性风险评估方法的文献是本节重点评述对象。

一、有关系统性风险界定的文献综述

1. 国外文献方面

国外研究者对系统性风险的界定主要从以下四个角度进行:(1)从危险范围大小的角度界定(Bernanke,2009);(2)从风险传染的角度界定(George G.,Kaufman,2000);(3)从对金融市场功能的影响的角度界定;(4)从对实体经济的影响的角度界定。国际上对系统性风险的定义大多是从宏观层面出发,国际清算银行在 20 世纪 70 年代就提出:"仅仅关注单个或少数金融机构并进行监管,不能有效的维持金融系统的稳定,应该关注整个金融系统的风险"。如施瓦茨(Schwarcz,2008)把系统性风险定义为:由经济波动、公司重大失误事件等引起的一系列风险事故。伯南克(Benanke,2009)认为危害到整个金融系统甚至宏观经济层面才能被称为系统性风险,如果只影响到单个或者少数的金融机构并不是系统性风险。哈特和津加莱斯（Hart & Zingales，2009）定义一家金融机构破产引起的多米诺骨牌连锁效应，其他金融机构纷纷受到传染出现大规模破产倒闭，并对实体经济造成冲击。还有许多学者进行了更具体的定义，如金融失衡、资产泡沫等。

以上分析可知，系统性风险的"系统性"有两方面含义：一是单个事件对整个金融系统产生了影响；二是单个事件不仅使得相关方利益受损，而且使得不相关的第三方也遭到损失，总的来看，系统性风险具有复杂性、传染性、突发性、破坏力大、波及范围广等基本特征。从不同的角度对系统性风险的界定，其强调的系统性风险的特征也不同，目前国外研究者没有得出统一的系统性风险界定标准。

2. 国内文献方面

国内研究者对系统性风险的界定，主要参照国外研究者和有关机构对系统性风险的界定方式，兼顾我国金融领域和保险行业的实际情况。张晓朴（2010）对国外研究者对系统性风险的界定进行了归纳，提出系统性风险区别于其他金融风险的主要特点是其"系统性"和"传染性"。郭金龙、赵强（2014）主要依据日内瓦协会（Geneva Association，2010）发布的报告里总结的系统性风险特点，即规模、可替代性、相关性、时间四个特点来界定保险业系统性风险，并且总结了银行业和保险业的系统性风险的区别，以及财产保险业和人身保险业的系统性风险的区别。卓志、朱衡（2017）主要从保险行业的系统性风险成因和传导机制等角度来界定保险业的系统性风险，并梳理了国外研究者对保险行业的系统性风险的存在性的研究文献。王向楠、王超（2018）提到保险行业的系统性风险界定包括广义和狭义两个层次。狭义的层次是指由保险机构之间的异质风险演化成单个保险机构无法分散的，并给其他金融机构带来局部区域或全局的影响的风险；广义的是指导致保险业丧失金融中介的风险分散、资源配置、资金融通以及社会管理等部分功能的风险。

综上所述，本书所要评估的上市保险公司的系统性风险，是从危险范围和风险传染的角度界定的系统性风险，即中国保监会（2016）定义的保险业系统性风险，由于保险公司的不确定性因素和保险行业的内部环境因素，及外部经济因素，导致发生系统性风险事件，对保险市场甚至整个金融体系造成重大不利影响的风险。上市保险公司一方面受系统性风险影响，另一方面也对系统性风险产生作用，具体体现在上市保险公司的系统性风险敏感度和溢出度这两方面。

二、有关系统性风险的影响因素的文献综述

1. 国外文献方面

国外研究者对金融体系的系统性风险影响因素的研究已成体系，本书根据国内研究者对国外文献的整理来进行介绍。卓志（2017）总结国外文献得出保险业系统性风险的成因可以分为主导因素和贡献因素，主导因素包括公司规模、互连性、可替代性、损失传递速度；贡献因素包括杠杆率、流动性风险、复杂性、政府政策法规。王向楠、王超（2018）总结国外文献得出保险业系统性风险的来源主要有三个方面，即保险业和银行业的业务交叉、非传统保险业务、保险机构财务困境控制。沈悦、逯仙茹（2013）在国外文献研究的基础上将系统性风险影响因素分为内因和外因，在内因方面，一致的结论认为金融工具的持续创新和金融市场多度杠杆化，具体的因素有：金融机构的资产组合头寸产生的连锁效应、影子银行可以创造系统性风险，也会加速风险的传染、系统重要性金融机构也是一个研究的热点，但目前国际上还没有一个统一的定义。在外因方面，国外学者普遍认为经济周期和政策干预是最主要的影响因素。张晓朴（2010）在国外文献研究的基础上，将风险成因主要分为：金融市场本身的缺陷，由于现实中信息不对称的存在，从根本上产生了系统性风险；金融机构的内在脆弱性，由于高杠杆使得金融系统天然就具有不稳定性；金融监管问题，金融自由化改革导致金融危机爆发；宏观经济周期与政策的错误干预；经济主体的非理性行为。

2. 国内文献方面

孙伟利（2004）运用资本资产定价模型（CAPM）对市场参与者的系统性风险预期转变进行了理论分析，发现市场参与者对系统性风险的隐形预期是系统性风险发生的重要影响因素。范小云等（2011）运用 MES 和 SES 方法对国际金融危机后我国上市金融机构的系统性风险进行了评估，并且用计算得到的 MES 值对 SES 值进行多元线性回归分析，结果表明影响金融体系的系统性风险的主要因素包括金融机构的杠杆率和系统性风险边际贡献度。俞树毅、袁治伟（2012）实证分析了区域金融风险造成系统性风险的可能。郭卫东（2013）运用

MES 方法计算了我国上市银行的系统性风险边际贡献度，同时建立多元线性回归模型进行影响因素分析，结果表明影响上市银行的系统性风险边际贡献度的因素主要是不良贷款率、杠杆率和总资产收益率。陈雨露等（2014）通过实证分析老龄化和金融杠杆对系统性风险的影响，认为老龄化会作用于金融杠杆从而影响到系统性风险。彭建刚等（2014）借助 HHI 指数和 MES 方法就我国金融行业的混业经营趋势对系统性风险的影响因素进行了实证分析，结果表明金融行业的混业经营程度对系统性风险存在非线性的"U"型影响。徐华等（2016）用 CoVaR 方法对我国保险业系统性风险进行了评估，并对影响因素进行了回归分析，结果表明影响我国保险业系统性风险的主要因素是保险公司自身风险水平、偿付能力水平和规模因素。陶玲、朱迎（2016）主张系统性风险的成因分为内在成因和外在成因两类，其中内在成因包括金融体系脆弱性、顺周期性、关联性、金融机构脆弱性、金融系统复杂性、信息不对称；外在成因包括转轨体制缺陷、资产价格波动、金融监管不足、市场主体有限理性、宏观经济周期和政策失误、冲击事件。张兴、张春子（2017）主张金融业加速对外开放会影响到我国金融体系的系统性风险状况。王培辉、康书生（2018）实证分析了外部金融冲击、宏观经济波动和金融内在脆弱性对我国金融体系的系统性风险的影响。夏斌（2018）主张我国金融体系的系统性风险主要是由产能过剩、过高的社会杠杆率以及房地产泡沫造成的。

综上所述，影响系统性风险的因素复杂多样，系统性风险的成因也十分复杂。既有金融市场失灵，金融机构脆弱性等内部因素，又有宏观经济下行趋势冲击等外部因素；既有监管缺失、公司治理失效等客观因素，又有金融消费者和投资者非理性等主观因素。本书也将从这几个方面对我国保险业系统性风险的现状和上市保险公司系统性风险的表现情况进行分析。

三、有关系统性风险评估方法的文献综述

1. 系统性风险评估的方法方面

金融危机以来，国际组织一直试图对系统性风险进行分析与识别，然而由于市场不同，在一个国家可以称为系统性风险的可能属于全球非系统性风险，

因此由于系统性风险的复杂性以及信息的不完全性，对于风险的识别与监测变得相对困难（张亮等，2013）。在这样的情况下，如何选择最优的评估方法，成为学者备受关注的问题。目前，系统性风险评估的方法有评估金融体系的系统性风险的方法，也有评估单个金融机构受金融体系的系统性风险的影响程度的方法。评估单个金融机构受金融体系的系统性风险的影响程度的方法，按照所使用的数据类型进行分类，一类是基于公开市场数据的市场法，另一类是基于机构财务数据的指标法。

指标法一般指金融监管当局在充分理解系统重要性金融机构（SIFIs）的核心特征的基础上，设定若干项指标来界定其特征状况的方法，主要包括熵权法、主成分分析方法等。张琳、何玉婷（2015）运用主成分分析法对我国保险机构的系统重要性进行了实证分析，结果显示中国平安保险集团是我国保险业系统重要性最高的保险机构。刘乐平、邱娜（2016）基于熵权法对2012年到2014年保险机构公开的财务数据进行了实证分析，结果表明中国平安保险集团连续三年居于系统重要性保险机构的首位。冯燕、王耀东（2018）运用格兰杰因果网络法评估了中国金融机构的风险传染性。市场法一般指以金融市场中的风险管理模型为依据，评估金融机构的系统性风险溢出度和敏感度的方法，主要包括极值法、MES 方法、CoVaR 方法、Sharply 方法等。国内外的研究者对市场法和指标法进行过比较，市场法由于采用高频数据且数据易得而受到推崇。在基于公开市场数据的市场法中，以边际预期损失方法（MES）和条件在险价值溢出度方法（ΔCoVaR）为代表。

（1）国外文献方面。

边际预期损失法（MES）是一种"自上而下"的系统性风险评估方法，由 Acharya 等（2017）基于期望损失模型（ES）提出并发展完善。条件在险价值溢出度法（ΔCoVaR）是一种"自下而上"的系统性风险评估方法，由艾德里安和布伦纳迈尔（Adrain and Brunnermeier，2011）基于条件在险价值方法（CoVaR）上提出并发展完善。艾德里安和布伦纳迈尔（2008）使用 CoVaR 模型测量单一金融机构对其他金融机构或者整个金融系统的风险溢出情况，之后作者又在另一篇文章中对 CoVaR 模型进行改进，实证分析单一金融机构的风险值与平均状态下 CoVaR 值的差额对系统性风险的影响程度。艾德里安等（Adrian et al.，2008）在 VaR 模型和在险价值模型的基础上建立 CoVaR 模型，分析单个银行破产对整个银行系统的风险溢出效应,并选出系统性重要金融机构。亚当等(Adams et al.,2013)利用 CoVaR 模型叠加分位数回归测算了金融机构相互之间的风险溢出效应。贝努瓦(Benoit et al.,2013)对比了 MES 和 CoVaR 模型二者的联系与区别,并使用美国的相关数据进行实证分析金融机构之间的风险溢出效应。

(2)国内文献方面。

高国华、潘丽英(2011)用 GARCH 模型估计了我国银行业系统性风险的动态 CoVaR 值。赵进文等(2013)将 MES 方法和 ΔCoVaR 方法,基于 DCC – GARCH 模型,在理论和实证两方面进行了比较分析,发现 MES 值和 ΔCoVaR 值之间存在相关性,只是评估系统性风险的视角不同。郭卫东(2013)运用 MES 方法结合阿查亚(Acharya,2017)的计算公式评估了我国上市银行受系统性风险影响的程度。林鸿灿(2012)运用 AR – GARCH – CoVaR 模型进行了我国保险行业的系统性风险实证分析,评估了我国上市保险公司的系统性风险溢出效应。宋清华、姜玉东(2014)运用 MES 方法结合 DCC – GARCH 模型评估了我国上市银行的系统性风险情况。白雪梅、石大龙(2014)运用 CoVaR 方法结合分位数回归模型评估了我国金融体系的系统性风险溢出效应。朱波、卢露(2014)运用系统性风险指数法实证分析了我国上市银行的系统重要性。卜林、李政(2014)基于"自上而下"和"自下而上"两种视角,采用 MES 和 CoVaR 方法研究了我国 23 家上市金融机构的系统性风险溢出效应及其时变特征,两种方法得到的上市金融机构的系统性风险溢出效应评估结果一致。朱冬梅(2015)运用加入了时间变量的 CoVaR 方法结合分位数回归模型评估了我国保险公司的系统性风险贡献度。章番(2015)运用 MES 方法结合 DCC – GARCH 模型评估了我国金融机构的系统性风险敏感度。刘璐、王春慧(2016)运用 MES 方法结合 DCC – GARCH 模型评估了我国上市保险公司的系统性风险敏感度。徐华等(2016)运用 CoVaR 方法结合分位数回归模型评估了我国保险行业和其他金融行业的系统性风险溢出效应。袁薇、王培辉(2017)运用基于 DCC – GARCH 模型计算得到的 ΔCoVaR 值,评估了我国保险公司系统性风险溢出度。王琳、沈沛龙(2017)运用 DCC – GARCH 模型进行了我国上市银行的系统性风险评估。

2. MES 方法和 ΔCoVaR 方法的估计方法方面

(1)国外文献方面。

目前,对 MES 方法和 ΔCoVaR 方法进行模型估计的方法主要有两类。一类是用 Engle（2002）建立的广义异方差模型（GARCH）估计 MES 值和 ΔCoVaR 值。另一类是用 Acharya 等（2017）建立的 MES 计算公式估计 MES 值，并用分位数回归模型估计 ΔCoVaR 值。

（2）国内文献方面。

吴其明等（1998）对 ARCH 模型的应用情况进行了总结。苗实等（1999）对 ARCH 模型进行了理论介绍，并且详细介绍了 ARCH 模型后续的演变。张世英、柯珂（2002）对 ARCH 模型体系进行了重新梳理，并介绍了 ARCH 模型在金融风险评估中的运用情况。张运鹏（2009）运用 GARCH 模型对我国金融风险进行了实证分析。

综上所述，鉴于基于公开市场数据的市场法结合 DCC-GARCH 模型进行估计具有的独特优势，以及结合"自下而上"和"自上而下"的两种视角进行我国系统性风险评估的现实需要，本书将结合 MES 方法和 ΔCoVaR 方法，通过 DCC-GARCH 模型评估我国上市保险公司的系统性风险敏感度和溢出度。

四、有关系统性风险监管的文献综述

1. 系统性风险监管的微观审慎和宏观审慎方面

在 2008 年全球金融危机发生前，各国金融监管组织对系统性风险监管主要是微观审慎监管，即针对单个金融机构进行金融风险评估。在 2008 年全球金融危机发生后，各国金融监管组织开始将监管重点放到宏观审慎监管上，即针对金融体系进行系统性风险评估（彭建刚、吕志华，2012）。黄亭亭（2010）对国外金融监管部门采用宏观审慎的原理进行了理论分析，表明金融顺周期性和市场"羊群效应"是金融监管部门采取宏观审慎工具的主要原因。苗永旺、王亮亮（2010）对国外研究者对宏微观审慎工具的比较研究进行了梳理，总结出宏观审慎是"自上而下"的监管思路，而微观审慎是"自下而上"的监管思路。王利伟（2010）总结国外金融监管部门的宏观审慎的政策发现，宏观审慎主要有两种维度，一是"空间"（跨行业）维度，二是"时间"维度，宏观审慎政策工具应该兼顾两种维度。彭刚、苗永旺（2010）在总结了各国的宏观审慎监管制度后，提出适合中国国情的宏观审慎监管框架，应包括逆周期宏观调控机制、金融机构系统性风险监控机制、系统性风险动态预警机制,强调要实施注重系统性风险时空分布特点的动态监管。高国华(2013)通过总结各国的宏观审慎监管体系,搭建了适合我国金融体系的逆周期监管的宏观审慎监管体系。吴国培、沈理明(2014)主张要构建我国金融风险预警系统,从宏观层面对系统性风险进行预警。沈小平(2016)强调对我国金融行业的风险进行"穿透式"监管。童中文等(2017)通过实证分析了我国金融业宏观审慎监管政策与宏观货币政策的协同效应,主张宏观审慎政策工具要与宏观政策相协调。

美国非常重视对系统性风险的防控,对金融机构的监管也非常严格,而且通常伴随着巨额罚单。在2018年8月份美国司法部宣布由于富国银行在2005~2007年之间销售的住房抵押贷款支持证券存在信息不属实行为,对其进行20.9亿美元的罚款。不仅富国银行这一家遭受巨额罚单,近几年美国司法部陆续对多家金融机构进行指控与罚款,根据苏如飞(2018)整理的美国金融机构由于销售抵押贷款支持证券导致2007年次贷危机发生从而司法部对其进行罚款的案例,如表1-2所示。可以看到开出的罚单往往都很高,给公司造成一定的压力,巨额罚款能够对金融机构起到惩戒的和震慑的作用,也能看出美国监管机构在金融危机后的反思与对系统性风险的防控,这对我国的金融监管将起到一定的借鉴意义。

表1-2　　2013~2018年因抵押贷款证券受到美司法部罚款情况

机构名称	时间(年)	金额(亿美元)	总部所在地
摩根大通	2013	130	
花旗集团	2014	70	
美国银行	2014	166.5	美国
高盛集团	2016	51	
摩根士丹利	2016	32	
德意志银行	2016	72	德国
瑞士信贷	2017	53	瑞士
巴克莱	2018	20	伦敦
苏格兰皇家银行	2018	49	伦敦

资料来源:苏如飞:《美国系统性金融风险防控——以富国银行21亿罚单切入》,载于《华化金融》2008年第9期。

2. 银行业的系统性风险监管举措方面

为维持金融体系的稳定发展，世界各国都针对金融机构制定了严格的监管条例。以银行为首的金融系统性风险，在很早时期就引起监管者的重视，早在 1929～1933 年美国经济大萧条期间，银行大量破产倒闭的现象促使存款保险制度诞生（胡滨，2018）。1988 年，巴塞尔委员会针对国际银行业资本状况恶化，信用风险增加，为维护银行业的稳定，颁布了《巴塞尔协议》，规定了最低资本充足率，开启银行监管的时代，但在当时还只处于微观的监管。王擎、田娇（2016）总结到在 1970～2012 年期间，全球共发生了 147 起系统性银行风险。2008 年金融危机的爆发表明了微观监管的失效，在反思此次危机的基础上，2010 年，颁布的巴塞尔协议Ⅲ正式开启宏观监管的时代，并发布系统重要性银行的评判标准，综合考虑银行规模、与其他银行的关联度、不可替代性、资产构成的复杂性，对商业银行监管的核心指标则是资本充足率（阮健弘，2018）。但金融危机的爆发使监管者认识到单一的资本充足率并不能有效防范系统性风险，危机之后国际金融监管当局便把《巴塞尔协议Ⅲ》的杠杆率指标加入到金融监管的框架中。2012 年，我国银监会在《巴塞尔协议Ⅲ》的基础上颁布了《中国银行业实施新监管标准的指导意见》，称为"中国版的巴塞尔协议"，提出四大监管工具：资本充足率、杠杆率、贷款拨备率、流动性，并在 2013 年初正式实施，然而关于巴塞尔协议Ⅲ更严格的监管要求是否能够起到宏观监管的作用，学术界尚存在争议（辜胜阻等，2014）。王擎、田娇（2016）构建了一个四部门 DSGE 模型，在银行受到的资本约束收紧时，在货币供应、基准利率、消费、企业贷款违约等外生变量冲击下，根据系统性风险的传递机制发现，资本约束收紧，由于资本监管具有顺周期性，实体经济并未得到改善，然而若加强对资本不足的银行监管，则能够有效遏制金融系统性风险的传递。宋琴、郑振龙（2011）首先运用 CAPM 模型求出符合监管要求的资本充足率下的银行破产概率，之后使用 Z-score 计算出银行的风险厌恶度，结果发现四大监管工具的提出能够降低银行的破产概率，提高经营效率。短期内来看，可能对银行的业务规模扩大和利润增长造成冲击；但长期来看，则能促使商业银行提高风险管理能力，创新金融产品。刘志洋（2018）根据中国上市银行的数据，分析了流动性风险监管对银行的系统性风险的影响，结果表明存贷比指标并不能降低商业银行的系统性风险贡献度，流动性比率指标对系统性风险贡献度的影响较为显著，若结合资本充足率指标，监管的效果会更好。

3. 保险行业的系统性风险监管举措方面

目前，在构建动态宏观审慎监管框架的国际趋势下，国内外研究者对于保险业系统性风险是否需要监管仍然存在争议。王向楠等（2018）运用经济学理论分析了保险业系统性风险宏观审慎监管的正当性。尽管国内外研究者目前没有讨论出结果，但保险业系统性风险的宏观审慎监管体系的建设仍在不断完善。有关保险业系统性风险监管主要由政府保险监管部门和行业自律组织进行。

在国外，2008 年全球金融危机发生后，二十国集团（G20）委托金融稳定委员会（FSB，2009）制定评估全球系统重要性金融机构的评估标准。国际清算银行（BIS，2009）强调宏观审慎是提高金融系统的安全性和可靠性的工具，针对银行业风险监管的巴塞尔协议Ⅱ和巴塞尔协议Ⅲ进一步将银行业系统性风险防控的标准提高（李超、姜向中，2015）。银行业主要的系统性风险防控手段有存款保险制度和资本充足率制度（Diammond D., Diydvig P., 2010）。日内瓦协会（Geneva Association，2010）分析了全球现有的监管制度对系统重要性风险活动的监管措施，指出保险业系统性风险监管应分为两步：首先是识别系统重要性活动，其次是对系统重要性活动赋予具体指标，从而评估出系统重要性保险机构，有针对性地对其采取系统性风险监管措施。国际保险监督官协会（IAIS，2012）提出了关于系统重要性保险机构（G - SIIs）认定方法，主要分为三步，即数据收集、方法评估、监督判断和验证程序。国际保险监督官协会（IAIS，2013；2014；2015）发布的全球系统重要性保险机构名单中，中国平安保险集团公司连续三年上榜，引起国内保险监管部门的重视。

在国内，保险监管部门进行保险业系统性风险监管的主要举措是保险公司偿付能力监管制度建设（刘金霞，2017）。《中国第二代偿付能力监管制度体系整体框架》，简称"偿二代"监管体系（C - ROSS），其制度特征包括统一监管、新兴市场、风险导向兼顾价值三大特征，规定保险公司偿付能力监管的要素包括定量资本要求、定性监管要求、市场约束机制三个支柱，监管的基础是保险公司内部偿付能力管理制度（原保监会，2013）。《国内系统重要性保险机构监管暂行办法（征求意见稿）》（原保监会，2016）和《国内系统重要性保险机构监管暂行办法（第二轮征求意见稿）》（原保监会，2016）的连续颁布反映了国内保险业对保险业系统性风险监管的重视。

综上所述，考虑到国际金融监管侧重于宏观审慎监管的趋势，本书将在"时间"维度上和"空间"维度上为我国保险行业的系统性风险监管框架建立提供政策建议。

第四节 研究思路与研究方法

一、研究思路

本书的研究思路是基于 DCC–GARCH 模型，运用 MES 方法和 ΔCoVaR 方法计算出我国在 A 股上市的中国人寿、中国太平洋和中国平安这 3 家公司 2008 年 1 月 2 日至 2018 年 11 月 22 日的每日收益率的 MES 值和 ΔCoVaR 值。然后，分析得出 2008 年全球金融危机发生后十年来我国上市保险公司受保险市场系统性风险影响的时变情况。从而为我国上市保险公司的系统性风险评估提供研究经验，为我国保险业在"时间"维度上和"空间"维度上建立系统性风险监管框架提供政策建议。因此，本书的研究内容由以下五个部分组成：

第一部分是绪论，主要阐述本书写作的研究背景、研究意义以及参考文献，还有本书的研究思路和研究方法、创新点和不足之处。

第二部分是第一章的现实分析内容，分析我国金融行业系统性风险评估的现实环境。首先，结合我国当前的经济和金融环境分析我国保险业的系统性风险现状。其次，介绍我国保险公司上市情况，分析上市保险公司的系统性风险情况。

第三部分是第二章的理论比较内容，介绍保险业系统性风险评估的方法。首先，总结保险业系统性风险评估的方法，重点总结评估单个保险公司受保险业系统性风险影响程度的方法。其次，对分别评估单个保险公司的系统性风险敏感度和溢出度的 MES 方法和 ΔCoVaR 方法进行理论比较。最后，介绍用于估计 MES 方法和 ΔCoVaR 方法的理论模型的 DCC – GARCH 方法。

第四部分是第三章的实证分析内容，基于从网易财经数据库得到的我国在 A 股上市的保险公司收益率数据，采用 DCC – GARCH 模型，运用 MES 方法和 ΔCoVaR 方法对收益率数据进行实证分析，计算出我国 A 股上市的保险公司每日收益率的 MES 值和 ΔCoVaR 值，从而评估出我国上市保险公司的系统性风险情况。

第五部分是结论，主要总结本书的研究结论，并有针对性地提出对我国保险业的系统性风险进行宏观审慎监管的政策建议。

根据研究思路可以绘制本书的技术路线，如图 1 – 1 所示。

二、研究方法

本书主要采用理论分析和实证分析相结合的方法，理论分析部分主要介绍系统性风险评估的方法，并对 MES 方法和 ΔCoVaR 方法进行理论推导和比较；实证分析部分主要是基于 DCC – GARCH 模型，运用 MES 方法和 ΔCoVaR 方法评估我国在 A 股上市的三家保险公司的系统性风险水平及其动态变化趋势，从而得到我国上市保险公司的系统性风险情况排名结果。同时，由于综合使用多种研究方法进行分析更具科学性，本书还综合运用了以下研究方法：

1. 文献研究法

文献研究法是指通过梳理大量相关文献，了解有关系统性风险的理论基础和研究成果的方法。首先，导论部分的文献综述梳理了有关系统性风险界定、系统性风险的影响因素、系统性风险评估方法、系统性风险监管的文献，为本书的写作提供了坚实的理论基础。其次，第二章系统性风险评估方法的理论比较内容是在对国内外系统性风险评估方法的相关文献进行总结的基础上完成的，充分反映了前人研究的成果，并为本书实证分析方法和模型的选择提供了理论依据。

2. 比较分析法

比较分析法是指通过对比不同情景下的事物状态，分析其异同，从而得到对事物的全面认识的方法。首先，本书在第二章系统性风险评估方法的理论比

第一章 绪 论

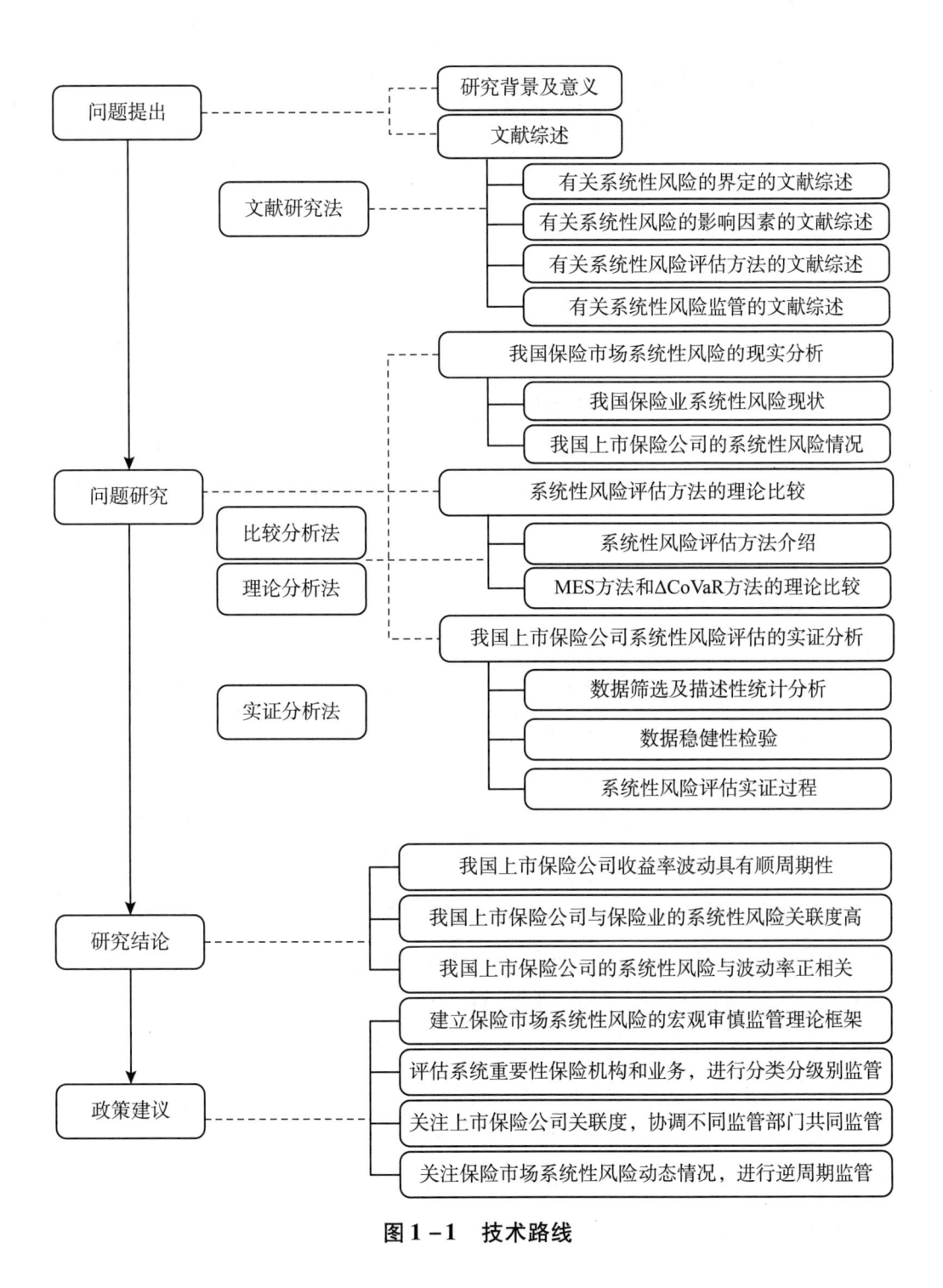

```
问题提出 ─┬─── 研究背景及意义
         └─── 文献综述
              ┌─ 文献研究法 ─┬─ 有关系统性风险的界定的文献综述
              │              ├─ 有关系统性风险的影响因素的文献综述
              │              ├─ 有关系统性风险评估方法的文献综述
              │              └─ 有关系统性风险监管的文献综述

问题研究 ─┬─── 我国保险市场系统性风险的现实分析
         │     ├─ 我国保险业系统性风险现状
         │     └─ 我国上市保险公司的系统性风险情况
         ├─ 比较分析法 ── 系统性风险评估方法的理论比较
         ├─ 理论分析法 ─┬─ 系统性风险评估方法介绍
         │              └─ MES方法和ΔCoVaR方法的理论比较
         └─ 实证分析法 ── 我国上市保险公司系统性风险评估的实证分析
                         ├─ 数据筛选及描述性统计分析
                         ├─ 数据稳健性检验
                         └─ 系统性风险评估实证过程

研究结论 ─┬─ 我国上市保险公司收益率波动具有顺周期性
         ├─ 我国上市保险公司与保险业的系统性风险关联度高
         └─ 我国上市保险公司的系统性风险与波动率正相关

政策建议 ─┬─ 建立保险市场系统性风险的宏观审慎监管理论框架
         ├─ 评估系统重要性保险机构和业务，进行分类分级别监管
         ├─ 关注上市保险公司关联度，协调不同监管部门共同监管
         └─ 关注保险市场系统性风险动态情况，进行逆周期监管
```

图 1-1 技术路线

较部分先将方法按一定标准分类，再通过表格形式列述各类方法的异同，分析其在实证研究中的优缺点，从而选取最适合本书研究思路的方法和模型进行实

证研究。其次，本书在第三章上市保险公司系统性风险评估实证分析部分，从"自上而下"和"自下而上"两个视角，分别对用 MES 方法和 ΔCoVaR 方法计算出来的 MES 值和 ΔCoVaR 值进行了比较分析，从而得到更全面的我国上市保险公司的系统性风险情况评估结果。

第五节　创新与不足

一、可能的创新点

本书可能的创新点，首先是根据最新的 A 股上市的保险公司每日收益率数据，从不同的维度和视角，不仅从"时间"和"空间"两个维度，还从"自上而下"和"自下而上"两个视角，基于 DCC - GARCH 模型，运用 MES 方法和 ΔCoVaR 方法评估我国上市保险公司的系统性风险敏感度和溢出度的动态变化趋势，从而评估出我国上市保险公司系统性风险情况。比较突出的地方是，根据 ARMA 模型来消除各 A 股上市保险公司每日收益率的异方差性，提取估计残差代入 DCC - GARCH 模型估计动态波动率和动态相关系数。ARMA - GARCH 模型相比于以往波动率研究中使用较多的 AR - GARCH 模型，能够更加准确地反映收益率的波动情况。

其次，采用文献研究法，结合实际行业调查数据，分析得出近十年我国 A 股上市保险公司的系统性风险界定因素的现状，为以后我国保险业和上市保险公司的系统性风险研究提供了可供参考的研究背景。

最后，从理论和实证两个方面对 MES 方法和 ΔCoVaR 方法进行比较分析，一方面从理论上将两种方法各自的理论优势进行了阐述，另一方面从实证上验证了两种方法各自反映系统性风险情况的实际优势。这种系统性风险评估方法的比较分析研究，国内目前还比较少，可为以后的相关系统性风险研究提供方法选取方面的实证经验。

二、不足之处

受客观方面研究对象复杂性、样本数据可得性等条件限制和主观方面笔者所学有限、考虑不周等条件限制，本书还存在诸多不足之处。

首先，最主要的不足之处是数据样本量不足。到 2018 年底，我国在 A 股资本市场上市的保险公司仅有 5 家，且其中在 2008 年全球金融危机发生前上市的保险公司仅有中国平安保险集团、中国人寿保险公司、中国太平洋保险集团三家公司。

其次，由于保险业的系统性风险评估具有复杂性，国内外各类评估保险业系统性风险的方法处在初步探索阶段，实证方法和模型的理论假设的成立还有待进一步的推导证明。本书只能根据现有的理论假设进行实证分析，计算出来的 MES 值和 ΔCoVaR 值只是基于假设前提得到的理论值，对现实情况的反映不够精准。

第二章
我国金融行业系统性风险的现实分析

第一节　金融行业系统性风险现状

2015年以来，中国资产管理行业迎来新一轮监管放松、业务创新的浪潮，监管的放松打破了我国原有的分业经营的限制，证券公司、期货公司、基金管理公司、银行、保险公司、信托公司之间业务限制减少，资产进一步创新，竞争也越来越激烈，混业经营新时代不期而至（王国刚，2017）。因此，当今金融行业的系统性风险不仅仅只存在于某一个行业，而是需要综合考虑各行业风险的传染性。国内对金融系统性风险的监测主要参考的是国外研究对银行、证券、保险等子系统进行的研究成果（孙伟利、冯治库，2004），在具体风险的监测中，对金融子系统的研究也主要集中在银行业。

当前我国金融行业系统性风险产生的原因主要如下：第一是金融机构的脆弱性，目前我国银行业的间接融资比重很高，其中以"影子银行"为代表的金融机构出现资产负债期限错配问题，社会融资结构不健全，加剧了金融系统的脆弱性。第二是金融创新导致风险的转移和扩散。由分业经营带来的分业监管模式已不适应当下金融机构综合经营的发展，出现许多监管真空、灰色地带等问题，如许多种类的资产管理业务表现出跨行业、跨市场的特性，导致许多金融产品的风险在不同行业和不同金融机构之间传递。第三是银行信贷之外的融资活动不受监管约束。金融监管的加强催生金融创新，为了规避资本充足率等金融监管的要求，银行会进行一些传统信贷以外的业务活动，因此降低了政策监管的效果，使得金融系统更复杂，也提高了金融机构之间的关联度，加快了金融系统性风险的传染速度。第四是金融系统本身的道德风险。为了追求高收益，金融机构倾向于从事高风险业务，社会公众投资者缺乏风险意识，地方政府对金融行业实施过多的行政干预，使得中央银行承担了本该由其他金融机构或投资者承担的风险成本。

此外，我国正处于经济体制转轨改革的过程中，也导致潜在系统性风险的存在，表现在：一是我国出现的部分行业产能过剩。企业负债率很高使得银行业不良资产贷款增加，大量银行资金涌向房地产等行业，资金"脱实向虚"严重，给金融行业的健康持续发展带来很多安全问题（易诚，2013；郑蕾，2018）。二是地方政府债务问题突出。风险有向金融系统转移的趋势，政府不仅显性债务增加迅速，而且伴随着社会保障基金缺口问题暴露，隐形债务也快速增加，这些问题都可能波及金融行业，加大了金融机构的风险（赵以邗，2017）。三是转轨过程中出现的一些政策风险。随着我国利率市场化改革的逐渐完善，商业银行的盈利能力、资产的流动性、风险的预防与识别能力将受到影响，人民币国际化进程加快以及汇率制度的改革使得国内金融市场与国际金融市场连接在一起，金融产品的创新会带来新的风险（周幼曼，2018）。

20世纪90年代以后，中国资本市场快速发展，作为现代金融的核心，资本市场提升了中国企业的市场竞争力，推动了中国经济快速增长，同时在资源配置、资产积累等方面发挥了不可替代的作用。随着我国经济进入转型升级时期，资本市场潜在的风险隐患开始暴露，2015年股市暴跌对宏观经济造成极大伤害，使得完善资本市场风险监管体系变得极其重要，因此，防范系统性风险成为当前资本市场监管的重要话题。早期的学者在研究资本市场系统性风险时，一般是从微观投资者角度出发，对资产的价格和投资收益进行量化分析，随着金融全球化的发展，学者开始关注金融机构的负风险溢出效应。2008年金融危机的爆发，学者认识到系统性风险对实体经济的危害，开启宏观视角的研究（Brownlees and Engle，2011）。在资本市场监管方面，监管者往往面临着风险跨地域、跨市场的复杂性，我国最初的研究只是分析发达资本市场的风险传导机制，然后再应用到国内资本市场，随着新兴市场的发展，国内研究重点关注了中国与其他市场的关联性。不同市场的风险溢出往往牵涉到股票市场、债券市场、外汇市场、原油市场等子市场（王国刚，2015）。

一、银行业系统性风险现状

银行业系统性风险是连续累积的过程，银行体系在金融危机中扮演着关键角色。董青马和卢满生（2010）认为在一个银行占主导地位的国家中，银行危机就是狭义上的金融危机。在我国的金融市场体系中，银行仍然占主导地位，因此我国金融系统性中的大部分风险都聚集在银行业内部，银行业的系统性风险将影响着整个金融系统的稳定。针对银行业的系统性风险研究，国外理论已经很丰富且渐趋成熟，主要代表性的理论有：金融脆弱性理论假说，费雪首次从经济周期的角度阐释了金融脆弱性；银行挤提理论，该理论认为银行的挤兑传染性是内生的；信息不对称理论，该理论认为金融脆弱性的主要原因是信息不对称；风险溢出理论，该理论认为银行风险的传导机制包括信用渠道和信息渠道。在国外成果的基础上，国内关于银行业系统性风险的研究也取得了丰硕成果，主要有：政府软预算约束会导致银行发生系统性风险；风险的相关性和传染性造成系统性风险的发生，如范小云（2012）认为银行间负债关联程度是引发银行系统性风险的重要因素。在对银行系统性风险的度量中，国内学者分别从多角度构建系统性风险网络，刘春航（2011）从宏观经济冲击、银行经营的内在脆弱性角度度量风险，贾彦东（2011）则考虑了金融网络结构建立风险曲线度量。

世界银行危机数据库（2003）指出，在20世纪90年代，银行业的不良贷款率一直处于很高的水平，其中1997~1999年之间，四大国有银行不良贷款率更是超过30%，因此中国金融体系存在着严重的系统性风险，当时国外媒体认为"中国的金融是一颗定时炸弹"，随后政府对银行的不良资产进行处置，不良贷款率有所下降。2003年国家对国有商业银行进行股份制改革，在进一步市场化的背景下，国有商业银行逐渐跻身全球大银行之列，不良贷款率从2002年末的23.6%下降到2018年末的1.83%[①]。2009年，我国受到金融危机冲击，宏观经济形势不乐观，银行大量资金流入房地产行业，银行间的资产关联度上升，整体风险水平大幅提升。

此外，伴随着影子银行的快速发展，由于业务间的关联度，银行的风险随着影子银行规模的扩大而增强。2011年，为抑制经济过热，国家加大宏观调控，商业银行风险投资行为有所遏制，之后国内经济增速放缓，银行流动性收紧，银行系统的系统性风险又开始累积。2014年国内经济进入下行周期，银行盈利能力下降，商业银行开始深入互联网、券商、保险等新型业务合作，高风险行

---

① 作者根据相关数据整理。

为较为突出，无形中增加了银行系统性风险。

2015年"股灾"事件的发生，监管部门加强了对金融市场的监管。2016年中央经济工作会议强调要把防控金融风险放在更加重要的位置上，之后金融各部门开始加强银行业保险业的监管，防范化解金融风险取得了一定成效，银行保险领域快速扩张、盲目加杠杆等现象得到遏制，银行业总资产的增速从过去的15%左右回落到2018年以来的7%左右，银行对实体经济发放的各项贷款年均增长12%以上，有效遏制了金融脱实向虚的势头，保险业总收入结构不断调整优化，短期产品大幅压缩，保险保障功能不断增强。2018年党中央提出继续扩大金融行业对外开放水平，并发布实施了15条银行保险业开放措施条例，如取消对中资银行和金融资产管理公司的外资持股比例限制，将外资人身险公司外方股比放宽至51%，三年后放宽至100%，放宽外资机构和业务准入，允许外国银行在中国境内同时设有子行和分行等。

二、区块链技术下互联网金融风险现状

区块链金融是基于区块链技术，在金融活动中出现的各种资产交易平台、资金融通模式、虚拟货币形态、电商交割机构、跨境支付渠道、票据清算机制的总称（陈静，2019）。最初是由范德蒙在1982年提出，他认为复杂的金融关系可以还原到比特级的虚拟存在，之后"区块链金融"便频繁地出现在互联网金融的各个发展阶段。西方国家已经将区块链技术应用到房地产数字代理记账、虚拟资产保值、数据库保险债券等许多领域，而区块链金融在我国历史较短，主要应用到社交金融、电商交割、股权交割、比特币等方面。2011年至今是大数据区块链金融发展的快速时期，借助于区块链大数据和云算法，全球首个基于区块链的电子钱包跨境汇款服务在香港面世，我国的区块链金融也经历快速发展这一时期，网络基金销售、网上数字货币交易平台代表了我国区块链金融的最新进展。其中，平安集团和阿里巴巴、腾讯公司合作建立的在线保险成为我国区块链保险领域的代表业务，银行的传统网络借贷升级为"银行自建电子商务平台"，从规模来看，2018年末，我国区块链金融网络交易达到13.2万亿元。我国第三方互联网区块链金融市场发展状况，如

表 2-1 所示。

表 2-1　我国十大第三方互联网区块链金融机构市场发展状况　　单位：亿元

平台名称	平台创建时间	市场交易额	总资本规模	市场盈利水平
支付宝	2004-12	89 910	12 864	4 902
微信支付	1998-11	88 716	12 833	4 881
银联商务	2002-01	62 549	8 940	2 100
银联在线	1999-07	59 001	7 832	2 019
快钱	2004-04	48 991	6 510	1 887
壹钱包	1998-03	47 662	6 502	1 875
拉卡拉	2005-01	45 792	6 418	1 866
汇付天下	2006-06	43 900	6 309	1 842
易宝支付	2003-07	41 209	6 207	1 760
京东支付	2007-04	39 883	5 888	1 655

资料来源：CNPP、中国十大品牌网（截至2018年）。

区块链技术下互联网金融面临的系统性风险主要包括区块链金融安全风险、金融技术选择风险和金融技术支持风险，金融安全风险主要是由于黑客攻击、互联网传输故障、计算机病毒导致的风险，因为互联网的开放性，金融网络很容易受到病毒的威胁（吴诗伟、朱业，2015）。金融技术选择风险主要是由于操作失误和设计漏洞引发的风险，互联网金融要求机构技术创新跟上时代的发展，否则很容易影响机构的生存基础。金融技术支持风险主要是由于金融机构为了降低运营成本而采用外币技术来解决内部管理问题，可能会导致金融服务器出现障碍，给客户造成损失。然而区块链技术在金融领域的应用还没有统一的标准，给金融监管造成很大困难，目前联合国专家已经召开会议讨论区块链金融领域规范标准问题。考虑到我们国家目前的形势，我们需要在基础设施上加大投资力度，加快科技水平的研发，并借鉴发达经济体的监管经验，防范互联网金融发生系统性风险。

第二节 我国银行业和保险业系统性风险的差异

在我国，银行系统性风险在金融系统性风险中的占比是最大的，所以学者们对系统性风险的主要研究重点在银行业。有效衡量金融系统性风险的方法大体都是通用的，但是不同种类的金融系统性风险具有不同的特性，所以衡量不同金融机构的系统性风险也需考虑它们在金融系统中所发挥的不同作用及影响。由于我国银行和保险机构经营模式和发挥职能的不同，其对系统性风险的影响也有很多差异，因此，在保险业和银行业的风险监管方面也应各有针对，以下将主要就银行业和保险业系统性风险方面的差异进行阐述。

一、风险种类

保险公司和银行机构都处于宏观经济这个大环境中，所以面临在金融机构中普遍存在的风险，如利率风险、信用风险、操作风险和市场风险等，这些风险与股票市场变化、利率市场变动等经济情况的变化密切相关。但是，保险公司的业务是以大数法则和精算平衡为基础的，其特有的承保风险主要受疾病率、死亡率、事故发生率等（魏华林，2013）的影响，而这些因素大都是独立于经济周期的。保险公司需要警惕的主要是大灾风险，需寻找多种有效化解大灾风险的有效途径，也可以通过多样化的投资来提高投资收益。而银行业的系统性风险主要受到不良贷款率的影响。接受存款和发放贷款，都可能使信用风险和流动性风险增加。银行业主要是保证贷款流向，控制不良贷款率处于合理的范围内来保证其偿付能力，防止挤兑风险。

目前，我国银行业市场化程度不断加强，但我国利率市场化进程仍然缓慢，存贷利差仍是银行主要的盈利来源，中间业务收入有限。总体来说我国银行业业务单一，在国家管制存贷利率的历史背景下，银行业创新不足。因此，银行业存贷业务是我国银行业可能引发系统性金融危机的主要源头。在此背景下，我国银行业资本充足率、资产质量以及拨备覆盖率等防控风险指标持续提升。

表 2-2　　2016～2019 年银行分季度不良贷款和拨备情况

指标	2019 年第一季度	2018 年第四季度	2018 年第一季度	2017 年第四季度	2017 年第一季度	2016 年第四季度	2016 年第一季度
不良贷款余额（单位：亿元）	19 472	20 254	17 742	17 057	15 795	15 122	13 921
不良贷款率（%）	1.83	1.83	1.75	1.74	1.74	1.74	1.75
拨备覆盖率（%）	185	186.31	191.28	181.42	178.76	176.40	175.03

资料来源：中国银行保险监督管理协会。

由表 2-2 可以看出，近四年来我国商业银行的不良贷款率基本维持在 1.7% 至 1.85% 之间，不良贷款余额呈现上升趋势，仍有较大的风险敞口。但相应地，我国商业银行的拨备覆盖率维持在 175% 至 195% 之间，说明我国商业银行为不良贷款做出了相应的准备。

而在我国保险业高速发展的同时，也应意识到，我国保险业相对还处在发展的初级阶段，同欧美国家相比，还存在较大的差距，一些风险问题突出。2017 年，我国内地保险密度为 384 美元，保险深度为 4.57%，美国 2017 年的保险密度为 4 216 美元，同世界发达国家相比，我国还存在较大差距，见图 2-1。

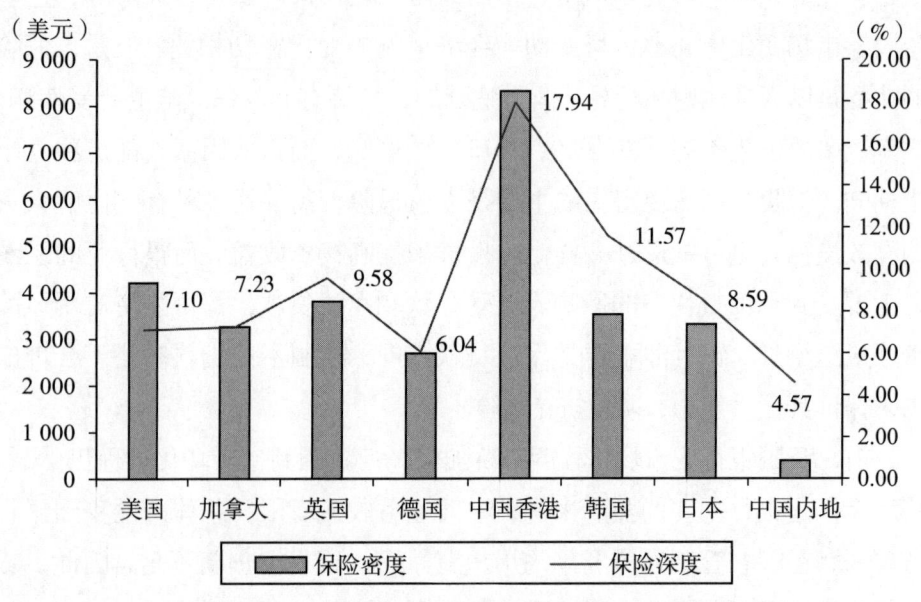

图 2-1　2017 年各国家保险深度和密度图

资料来源：中国保监会：《中国保险年鉴》，2018 年。

我国保险业普遍缺乏先进的经营管理经验，缺乏健全的管理体制，经营管理方面仍存在较多缺陷。特别是，保险公司诚信披露制度不完善，投保人在购买保险时难以获得全面有效的信息，购买动力不足。基于此，保险业很难得到社会的信任和认可，保险业务的经营开展困难重重，存在较大的经营风险。

二、公司规模和金融机构之间的联系紧密度

2018年我国上市金融机构资产排名可以看出（见表2-3），前十五家金融机构资产排名中只有两家是保险公司，且其中中国人寿排名倒数第三，其余均为银行。与银行业相比，保险行业在整个金融行业的资产占比较低。不仅是在我国，即使是在全球市场中，拥有国际保险业务的保险集团发挥的市场效应也比银行弱。因此，银行破产与保险公司破产对系统性风险所造成的负面影响程度并不相同。实际上，机构或者公司的经营失败也是需要一段时间显现，这段时间内如果其他金融机构能够照常运行，并不会立即造成金融危机。但是，银行、保险公司及其他金融机构之间的联系将会通过资金流通及所经营的业务而变得更加紧密，这种紧密使得金融行业牵一发而动全身，增加整体的系统性风险，因此，相关监管部门需严防重大金融机构的系统性危险，做好宏观审慎工作，金融机构本身也需加强内部风险控制、提高风险管理意识、降低对市场的负外部性。

表2-3　　　　　　2018年我国金融机构资产排名　　　　单位：万亿元

排名	公司名称	行业	总资产
1	中国工商银行	银行	27.7
2	中国建设银行	银行	23.22
3	中国农业银行	银行	22.61
4	中国银行	银行	21.27
5	交通银行	银行	9.53
6	中国平安	保险	7.14
7	招商银行	银行	6.75

续表

排名	公司名称	行业	总资产
8	兴业银行	银行	6.71
9	浦发银行	银行	6.29
10	中信银行	银行	6.07
11	民生银行	银行	5.99
12	光大银行	银行	4.36
13	平安银行	银行	3.42
14	中国人寿	保险	3.25
15	华夏银行	银行	2.68

资料来源：东方财富网。

三、风险吸收与转移的方式

银行与保险公司等金融机构本身就具有吸收风险的能力，银行发挥的主要是资金融通的功能，而保险公司则为遭受风险的个体提供经济补偿。银行可以通过衍生品交易来转移风险，保险公司则主要通过再保险方式转移风险。与银行不同的是，保险公司的风险主要体现在资产负债表上。再保险接收人可以承担一部分的保险风险转移，但是大部分的风险仍然会体现在原保险公司的资产负债表上。

在金融稳定理事会（FSB）发布的全球系统重要性银行名单中，我国四大银行均上榜，其国际化程度最高的中国银行是在2011年最早入选的，中国工商银行、中国农业银行和中国建设银行分别是在2013年、2014年和2015年入选的，这充分说明四大银行在全球系统中发挥着举足轻重的作用。目前，金融稳定理事会对中行、工行、农行、建行的附加资本要求均为1%。而在全球系统重要性保险机构名单中，中国平安保险集团是发展中国家及新兴保险市场中唯一入选的保险机构，这充分说明了国际社会对我国金融机构在全球金融市场上的影响与地位的肯定。这些金融机构的稳健经营不仅是对我国，对全球的金融系统都有至关重要的作用，所以，不管是银行还是保险机构，加强它们的风险吸收和转移能力都是非常有必要的。

四、现金流特征

保险公司现金流的主要来源是保费收入，大部分现金流出则是保险理赔支出，而保险理赔支出取决于被保险人的理赔时间，除非面临大范围的灾害等特殊情况，保险公司一般不会出现大规模和频繁的现金流支出。保险理赔需要促发保险合同中的理赔条件，所以保险公司的现金流支出与经济周期是相对独立的。即使人寿保险中有很多产品都带有储蓄性质，中途退保仍会受到保险合同条款的限制，因此，保险公司资金大规模集中流出的可能性较小。而银行现金流的主要来源是吸收存款，但是相对于保险公司的现金流来说，银行现金流的流动性较强，需要满足储户日常支取的需要。由于保险公司和银行现金流出的区别，保险公司和银行的准备金提取的算法和要求都是不一样的。

从保险业务经营模式的特点来看，与银行相比保险业对系统性风险的影响较低。只经营传统承保业务活动的保险公司比银行具有更低水平的系统性风险，主要是因为这些业务保险责任单一且具有针对性，通过精算平衡来运作，相对独立于宏观经济，对宏观经济变化的反应较慢。虽然传统的保险活动在金融危机期间不会造成系统性风险，但毋庸置疑，保险公司与其他金融机构之间存在着相互联系，并且这些联系会通过资金流通及所经营的业务变得更加紧密，提升其对系统性风险的影响。随着我国保险业的发展壮大，保险公司不再只满足于经营传统的承保业务，各种理财分红型保险产品层出不穷，与保险公司传统业务相对的非传统业务活动和投资活动很可能有较大的系统性风险，这些业务活动虽然不具有引起系统性风险的能力，但是却会在系统性风险发生时，传播和放大系统性金融风险。另外，伴随着环境气候的变化、平均寿命的延长及各种风险发生率的提高，这些长期趋势的变化将会对保险业产生负面影响，加大潜在的系统性风险。虽然这些趋势变化主要是影响公司的偿付能力风险，但是如果不及时解决这些问题，将会影响保险公司的长期生存能力，带来更大的危害。

第三节 我国保险业系统性风险现状

保险业系统性风险概念是在 2008 年全球金融危机后才出现的。目前学界对保险业的系统性风险存在性还有所争议，没有形成统一的保险业系统性风险定义（谢远涛等，2014）。本书所要评估的上市保险公司的系统性风险，是从危险范围和风险传染的角度界定的系统性风险，即原中国保监会（2016）定义的保险业系统性风险为：由于保险公司的不确定性因素和保险行业的内部环境因素及外部经济因素，导致发生系统性风险事件，对保险市场甚至整个金融体系造成的重大不利影响的风险。

上市保险公司一方面受保险业系统性风险影响，另一方面也对保险业系统性风险产生作用。保险业的内部环境因素会影响到保险公司的不确定性风险情况，所以，评估我国上市保险公司的系统性风险情况有必要先了解我国保险业系统性风险的现状。通过梳理以往文献，保险业系统性风险的界定主要可以从保险行业风险、风险的来源渠道、基本特征、传导机制这四个方面来描述我国保险业的系统性风险的现状。

一、我国保险业行业风险

自 1980 年以来，我国恢复了国内保险业务，三十几年来我国的保险业务得到了飞速的发展。国家统计局数据显示，2018 年原保费收入已经达到 38 017 亿元，占国内生产总值的 4.24%。然而，在保险业高速增长的同时，保险业所面临的行业风险也日益增加。尤其是在全球复杂多变的宏观经济环境下，我国实行的全面金融领域开放政策对我国保险行业的发展着实是一把"双刃剑"，在保险业逐渐和国际接轨的同时，切不可忽视其愈加严重的行业风险。传统研究主要关注的是保险公司偿付能力风险和投资风险，以下部分着重介绍保险公司所面临的行业风险。保险公司的行业风险指的是由于保险公司内外部条件给整个保险行业带来的负面影响，由内部因素导致的行业风险称为内部行业风险，外部因素导致的行业风险称为外部行业风险。

（一）内部行业风险分析

引致保险行业风险的内部因素指的是来自保险行业自身的因素，主要有保险行业的产业结构、体制变动和周期因素，以下主要从结构性风险对保险的内部行业风险展开介绍。

结构性风险在我国保险业的发展史上始终存在，而近年来，随着保险业的高速发展和保险经营主体间的日益激烈的竞争，保险业的结构性风险尤为突出。我国保险业的结构性风险主要表现在业务结构风险和产品结构风险两个方面。

1. *业务结构性风险*

在业务结构性风险方面具体表现为我国寿险和产险发展不均衡。众所周知，我国在1980年首先恢复的是产险业务，在两年之后（即1982年开始），当时国内唯一的一家保险公司，中国人保才开始经营寿险业务。显而易见，由于各种政策和文化环境的因素，在接下来的十五年里，我国财产保险的发展都要强于寿险的发展。直到1997年出现了转折，寿险业务的保费收入首次超过了产险的保费收入，此后两者的保费收入的差距越来越大。1997年我国寿险的保费收入达到了600.24亿元，产险的保费收入为480.73亿元，产寿险保费收入之比为1∶1.25。由图2-2可知，从2008年到2013年，我国人寿险市场占比下降，而财产险市场占比增加，占比结构趋于平衡。但是，从2013年到2018年，人寿险市场占比又大幅提高，财产险市场占比萎缩。这说明我国人寿险和财产险的发展仍然不够均衡，风险主要集中于寿险业。有研究经验表明，人寿险市场相比财产险市场、人寿险业务相比财产险业务，更容易引发系统性风险事件，所以我国保险行业的业务结构性风险非常值得关注。

2. *产品结构性风险*

在产品结构风险上面，我国不管是寿险还是产险保费收入，从总量上来说都处于国际领先地位。但是我国寿险和产险的产品结构发展都不够均衡，以"一险独大"为特点的产品结构风险尤为突出。

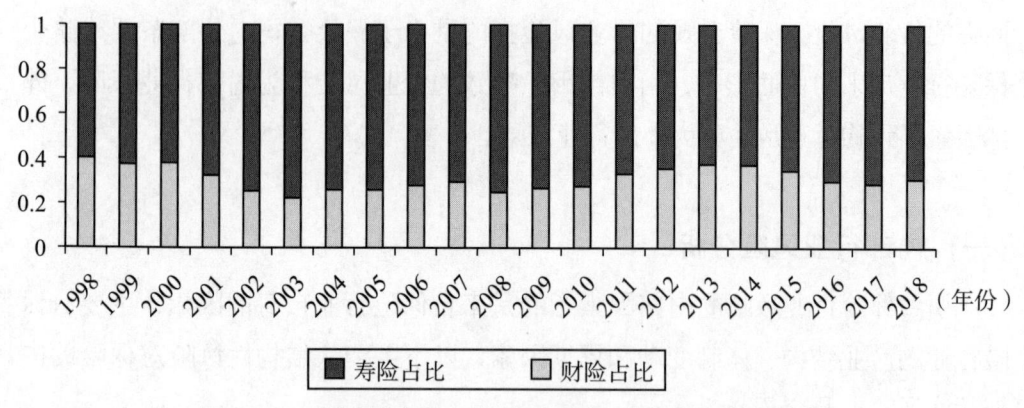

图 2-2　我国财产险和人寿险市场占比结构变化趋势

资料来源：国家统计局：《中国统计年鉴》，1998~2018年。

首先就产险而言，1988年之前，就保费收入而言我国的财产保险主要是以企业产险为主，家庭产险次之。1988年之后，伴随着科技的进步、汽车行业快速的崛起以及我国人民汽车保有量的迅速增加，汽车保险异军突起，改变了原有的产险格局。1988年我国汽车保险的保费收入超过20亿元，占产险总保费收入的37.6%，首次超过了企业产险的占比，成为财产保险的第一大险种。随后，汽车保险的保费收入增长迅速。尤其是2006年我国实施了机动车交通事故责任强制保险、商业车险条款费率的统一以及车险费率优惠"限折令"的执行，车险保费在整个财产保险保费收入中的比重越来越大。2006年，我国车险保费首次突破1000亿元。汽车险的产险份额占较高是全球的普遍现象，20世纪70年代起，欧、美、日等国家和地区的汽车保险就已经占到财产保险的50%以上。但是我国远远超过了50%，并且越是中小型保险公司车险占比就越高，有些新成立的财产保险公司的车险占比达到了90%以上。也就是说除了车险以外，其他产险的销售收入可以忽略不计。由图2-3可知，2006~2018年平均来说我国车险收入占产险收入一直在70%左右，2018年下降至十年来新低水平（66.64%），但这并不能代表我国产险结构趋向均衡发展，要想真正有效地改善产险结构，保险公司、各监管和政策机构需继续持久努力。

寿险产品主要分为两种类型，即传统类型的产品和非传统类型的产品。传统类型的产品指的是纯保障型产品，比如定期寿险、终生寿险或者两全保险等；非传统类型的产品主要包括投连险、万能险和分红险。分红险"一险独大"的现象在2009年到2012年尤为严重，2009年分红险的保费收入为5293亿元，占寿险总保费的65%；2010年，分红险的保费收入为7 455亿元，占寿险保费总收入的71%。2011和2012年，分红险占比进一步提高，超过90%[①]。随后，在一系列政策的改革下，寿险的结构逐步得到改善，渐渐回归保障本质。

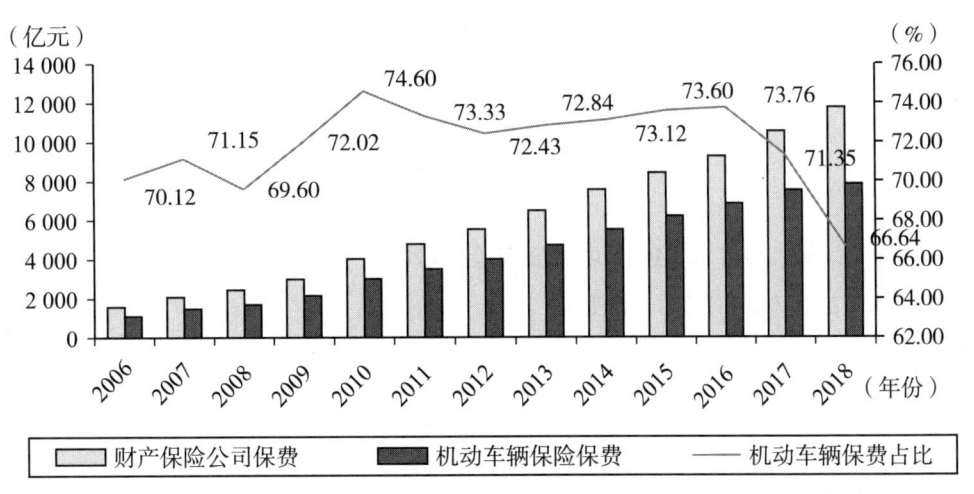

图 2-3 我国财险和车险及车险占比变化

资料来源：国家统计局：《中国统计年鉴》，2007~2018年。

除了上述两种结构性风险外，我国还存在着诸如城乡保险市场结构不合理、地区保险发展结构不均衡和保险渠道结构性风险等问题。除此之外，我国保险市场开放得较晚，形成了几家大型保险公司垄断保险市场大部分份额的局面。由图2-4可以看出：在我国财险市场中，中国人保和平安等七家公司占总财险保费收入的近80%，可想而知剩下数十家财险公司的经营状况。同样，由图2-5可以看出，在我国寿险市场中，以国寿为首的六家寿险公司的人身险保费收入占总人身险保费收入的60%。这种局面的脆弱性不言而喻，最明显的表现就是创新能力不强，服务意识较差，综合竞争力会不断下降。

（二）外部行业风险分析

在当今经济全球化、各金融机构主体联系越来越紧密的大背景下，外部环境对保险公司的运营起着至关重要的作用。本书主要从市场风险、监管风险和自然风险来介绍保险公司面临的外部行业风险。

---

① 资料来源：国家统计局：《中国统计年鉴》，2007~2018年。

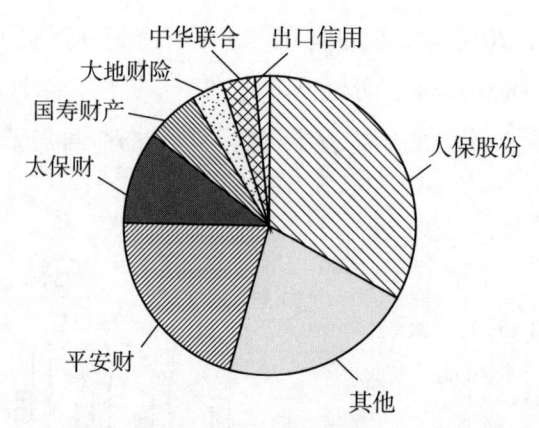

图 2-4　2018 年中国原财险保费收入各保险公司占比

资料来源：中国银行保险监督管理局。

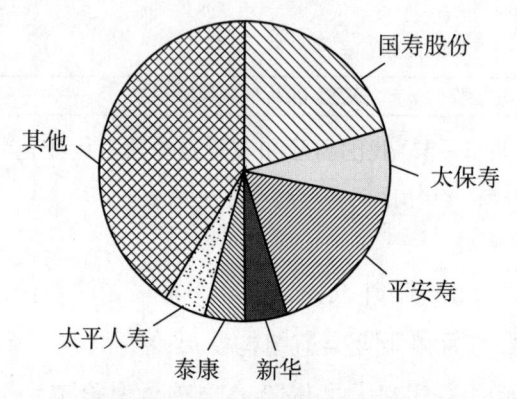

图 2-5　2018 年中国原人身保费收入各保险公司占比

资料来源：中国银行保险监督管理局。

1. 市场风险

（1）利率风险。

利率风险指的是因利率变动对保险公司的资产和负债价值造成不利影响而带来的风险。当利率上升的时候，保险公司资产和负债的价值都会下降，此时利率风险指的是资产的价值下降超过了负债的价值下降，保险公司面临资不抵债的风险。当利率上升的时候，将发生行业间的替代效应，人们的资金会从保险公司转向银行储蓄或者证券投资，这样保险公司的保单及其他业务量将大幅萎缩，保费收入减少，可供运用的保险资金减少，公司财务稳定性将会受到影响，甚至更多的保单所有人开始退保或者以保单为抵押品进行贷款，面临流动性风险，保险公司可能不得不折价销售部分资产，这进一步增加了风险程度；当利率下降时,此时的利率风险是指负债价值上升超过资产价值上升的风险,更多的保单所有人会通过各种保单赋予的选择权增加对保单的资金投入,保险公司则不得不购入更多的资产来保证保单的运营,但是这时资产价格通常较高,保险公司获得持续盈利的难度增大。由表2-4、表2-5可以看出我国各时期的存贷款利率都在逐渐下降,不考虑其他因素,这表明保险公司的资金使用成本在逐渐下降;但是如果考虑通货膨胀的因素,保险公司的资产也将面临贬值的风险。

表2-4　　　　　　　　金融机构人民币法定存款基准利率　　　　　单位:%

项目	2012年7月6日	2014年11月22日	2015年3月1日	2015年5月11日	2015年6月28日	2015年8月26日	2015年10月24日
活期	0.35	0.35	0.35	0.35	0.35	0.35	0.35
三个月	2.60	2.35	2.10	1.85	1.60	1.35	1.10
半年	2.80	2.55	2.30	2.05	1.80	1.55	1.30
一年	3.00	2.75	2.50	2.25	2.00	1.75	1.50
二年	3.75	3.35	3.10	2.85	2.60	2.35	2.10
三年	4.25	4.00	3.75	3.50	3.25	3.00	2.75

资料来源:国家统计局:《中国统计年鉴》,2018年。

表2-5　　　　　　　　金融机构人民币法定贷款基准利率　　　　　单位:%

项目	2014年11月22日	2015年3月1日	2015年5月11日	2015年6月28日	2015年8月26日	2015年10月24日
六个月	5.60	5.35	5.10	4.85	4.60	4.35
一年	5.60	5.35	5.10	4.85	4.60	4.35
一年以上至三年	6.00	5.75	5.50	5.25	5.00	4.75
三年以上至五年	6.00	5.75	5.50	5.25	5.00	4.75
五年以上	6.15	5.90	5.65	5.40	5.15	4.90

资料来源:国家统计局:《中国统计年鉴》,2018年。

(2)汇率风险。

汇率风险是指由于汇率的波动,在使用非本币进行的投资业务在兑换成本币时所面临的风险。当前,我国保险公司的市场份额越来越大,承保范围呈现国际化,使得保险公司面临的汇率风险越来越大。同时,目前的国际经济环境中各国之间的摩擦逐渐升级,美国开始对别的国家设置各种贸易壁垒,这无形中将会加重汇率风险。外币币值的波动很容易给保险业带来整体的风险（张陆洋、齐想，2018）。由图2-6可知，我国人民币相比于日元来说，币值相对稳定，但是相对于美元和欧元来说，币值在逐渐贬值。

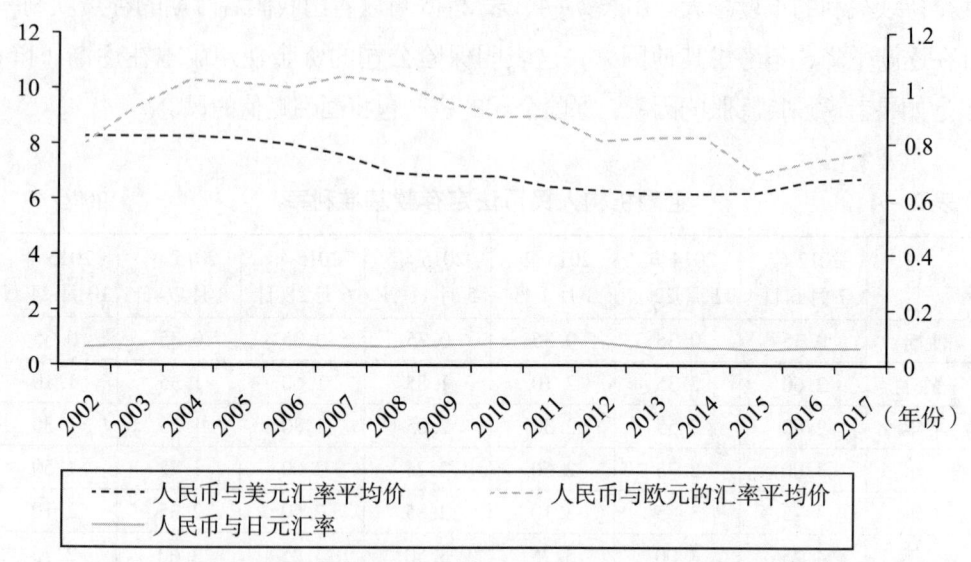

图2-6 人民币与外币汇率变化（其中欧元与日元适用次坐标轴）

资料来源：国家统计局：《中国统计年鉴》，2018年。

（3）竞争风险。

在当今金融呈现国际化的背景下，保险业传统的分业经营模式被保险业的持续创新所打破。保险机构和金融机构的经营业务相互交叉，产品替代率较之前更高，这也加剧了保险机构和金融机构之间的竞争。虽然这种竞争会提高保险公司的经营效率，增加保险产品的竞争力，但也会使金融机构挤压个别保险公司的市场份额和经营利润，进而削弱保险行业整体抵御风险的能力。

由于生存竞争的压力，保险公司故意压低费率，不断推出新的保险产品来提高其竞争力。但保险公司的这些产品往往是直接套用外国的产品模式，很多都没有本国的历史经验数据，也不能满足保险精算公平的要求，内部风险控制机制也不健全。很明显这不符合保险公司的运营要求，这样下去，保险公司在未来很可能面对大量的保单赔付需求，甚至面临破产的风险（崔琳熠，2014）。

（4）通货膨胀风险。

保险公司属于金融公司，保障的对象是风险，但实际经营的是货币。通货膨胀风险对保险公司索赔发生率和索赔规模都有很大影响，特别是在保单的保额和赔付是以重置成本为基础计算时。通货膨胀风险可分为全局性通货膨胀和局部性通货膨胀。全局性通货膨胀将会影响保险公司整体的修理成本和医疗成本等；而局部性通货膨胀将会影响局部地区的保险成本，如遇到洪水或者干旱导致受灾地区的某些物资供不应求，促使物资的价格上涨。因此，不管是全局性通货膨胀还是局部性通货膨胀都会造成保险公司的经营亏损。由图2-7可知，我国的居民消费价格指数和商品零售价格指数都在上涨，这将降低保险公司资产价值并增加其经营成本，所以我国保险公司需预防通货膨胀带来的风险。

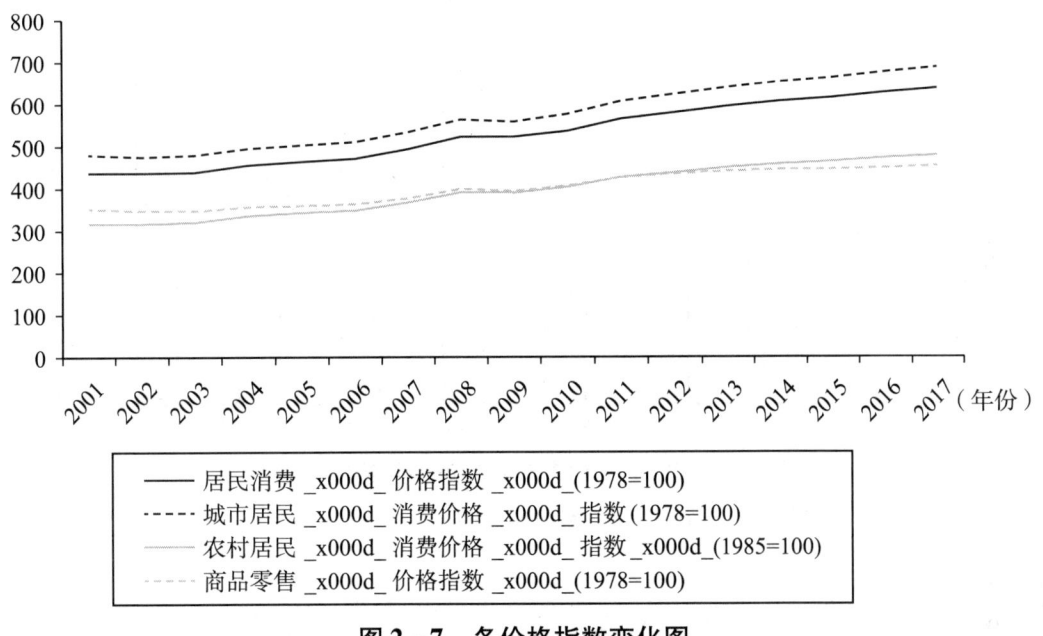

图2-7 各价格指数变化图

资料来源：国家统计局：《中国统计年鉴》，2018年。

2. 自然灾害风险

我国自然灾害频发，是世界上自然灾害最为严重的国家之一。全国三分之二的区域遭受到洪涝灾害的威胁，东南部地区以及一些内陆省份也面临热带气流的侵袭；全国大部分地区的旱灾都很严重；地质构造复杂，约占国土面积的69%的山地，高原地区频发滑坡、泥石流、山体崩塌等自然灾害。根据统计，全国几乎有70%以上的城市，50%以上的人口分布在地震、气象、海洋等自然灾害频发的地区。2000年以来，我国自然灾害的发生频率和破坏程度都在加大。如2008年我国的自然灾害直接经济损失达到历史最高，损失11 752亿元，其中汶川地震造成的直接经济损失达8 451亿元①。由图2-8可知，2010年以来我国的自然灾害直接经济损失也都非常高，低时有2 704.1亿元，高时可达5 808.4亿元。我国的自然灾害救助体系还不是那么完善，自然灾害保险在分散风险，弥补损失中起着重大的作用。一般来说，只要经营得当，自然灾害的发生不会影响保险公司的正常运营，但是由于我国自然灾害的频发及其破坏力极大，我国保险公司要积极防范自然灾害风险。

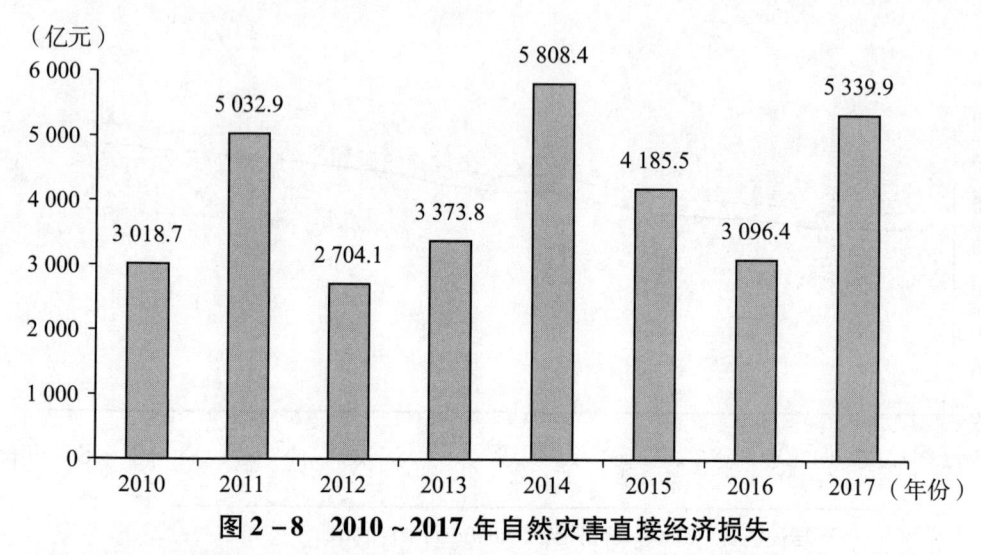

图2-8 2010～2017年自然灾害直接经济损失

资料来源：国家统计局：《中国统计年鉴》，2018年。

二、系统性风险事件

(一) 国际案例

1. 雷曼兄弟公司破产

雷曼兄弟公司创立于1850年，是世界上历史最悠久的投资银行，为世界各国的公司、机构、政府和投资者提供全方位的金融服务。雷曼兄弟公司拥有创造新颖金融产品、探索最新融资方式的能力，其优质的服务、良好的声誉和雄厚的财力使其处于行业佼佼者的地位，是全球最具实力的股票和债券承销商和

---

① 作者根据相关数据整理。

交易商之一。雷曼兄弟的业务能力受到广泛认可，公司为众多世界知名公司提供金融服务，如阿尔卡特、美国在线时代华纳、戴尔、富士、IBM、英特尔、美国强生、乐金电子、默沙东医药、摩托罗拉、NEC、百事、菲利普莫里斯、壳牌石油、住友银行及沃尔玛等众多世界知名公司。

21世纪初期，美联储为了应对2000年的互联网泡沫破灭和2001年"9·11"事件的冲击，连续13次下调联邦基准利率，使利率从6.5%降至1%的历史最低水平。利率的下调和货币的扩张给美国经济带来繁荣，借贷成本的下降使得美国房价持续高涨。面对一片大好，投资银行推出次级按揭贷款证券，许多金融机构高层对美国不动产市场十分看好，认为这是一项稳赚不赔的业务。2006年次级按揭贷款证券市场发展到顶峰时期，此时雷曼兄弟在买方市场中拥有11%的份额，居于首位。然而令人没有想到的是，2007年美国楼市逐渐下滑，利率不断上升，次贷危机愈演愈烈，雷曼兄弟所持有的次级债不断减值。2008年6月16日雷曼兄弟发布的财务报告中显示：公司第二季度出现了自1994年上市以来的第一次亏损，亏损值达28.7亿美元，股价累计下跌60%，而第三季度亏损值达到39亿美元。2008年9月14日由于美国政府拒绝收购，雷曼兄弟公司宣布破产倒闭。导致雷曼兄弟破产的原因除了美国信贷系统的崩溃和多角色的商业模式，最大的原因是雷曼公司的高杠杆经营与投资策略。2007年5月其杠杆系数达到27.67倍，2008年3月进一步上升到30.65倍，这一缺点在此次的次贷危机中充分暴露，再加上没有在危机初期及时止损，身负6 130亿美元巨额债务的雷曼兄弟公司破产。

雷曼兄弟公司的破产给美国及全球经济带来了巨大的重创，市场民众恐慌情绪开始蔓延，强度越来越大。美股大幅下跌，道琼斯指数创"9·11"事件以来的最大的单日跌幅收盘。由于雷曼兄弟公司是美国抵押贷款证券市场上最大的承销商，在市场上交易的此类证券多为雷曼兄弟发行，雷曼兄弟的倒闭无疑为抵押贷款市场的前景带来了巨大的不确定性。不仅如此，雷曼兄弟持有100亿美元的杠杆贷款头寸，如果这部分也因为破产而被解除，其对美国杠杆贷款市场形成的全面冲击也不容小觑。还有那些与雷曼兄弟公司具有直接债权关系的金融机构。资料显示，雷曼兄弟持有大约1 400亿美元的优先债权债务以及170亿美元的后偿债务或次级债券债。雷曼兄弟破产后，能够收回的资金大约仅占其总投资的40%或者更少。这样，作为雷曼兄弟最大的无抵押债权人将损失大约 860 亿美元。雷曼兄弟持有大量涉及房地产的不良资产，相关的业务可能同时属于其他投行的投资组合，倘若此类业务在破产清算中标价过低，其他投行不可避免地会因为相关的业务估值缩水而蒙受损失。

现在都把雷曼公司的破产看作 2008 年金融危机的开端，它加速了全球金融危机的产生。与其业务相关的欧美、日本、阿根廷及当时美国最大的债权人中国等地区的机构的资产都大幅缩水，股价大幅下跌。全球金融业陷入萧条，失业率大幅上升，居民收入水平剧烈下降。

2. AIG 事件

美国国际集团（AIG）于 1919 年在美国特拉华州成立，是全球知名的保险和金融服务机构。AIG 的业务范畴覆盖保险业务、金融服务业务和资产管理业务，其中保险业务包括财险业务、人身保险业务和养老保险业务。历经几年的发展，AIG 具备全球最大的财险和人身险的服务网络，为全球 130 多个国家和地区的机构和客户提供保险和金融服务。AIG 的总资产达 1.2 万亿美元，承保了全球 7 400 万份保险合同，全美 670 万个个人养老金账户都由其管理。

尽管 AIG 的规模和覆盖范围都很大，但也在 2008 年也遭遇了前所未有的危急时刻。危机的外部环境原因是当时美国的次贷危机带来金融市场失序及信贷市场环境的不完善，但是直接原因是 2002 年 AIG 为了赚取更大的收益开始从事信用违约互换业务。信用违约互换业务带来的巨大收益使 AIG 开始无节制地销售信用违约互换合同。截至 2008 年 9 月底，AIG 的总资产达 1.02 万亿美元，其中通过销售信用违约互换合同赚取的金额就高达 0.51 万亿美元，占集团总资产的 50% 以上。但是由于次贷危机中公司债券、次级抵押贷款以及居民住房抵押贷款的违约率不断上升，AIG 面临着巨大的危机。

2008 年 2 月 29 日，AIG 公布的 2007 第四季度及全年的业绩报表显示，仅就第四季度，AIG 的净亏损就达 52.9 亿美元。该表同时显示 AIG 已负有 617 亿美元的高额债务。此后，国际各大信用评级机构纷纷下调对 AIG 的评级级别。2008 年 9 月 15 日，AIG 的股价暴跌幅度达 61%，当日收盘价 3.75 美元，而 2009 年 3 月 6 日，股价跌至最低点 0.33 美元，AIG 濒临破产危机。

2009 年 9 月 16 日，顾及 AIG 规模的庞大、经营业务的特殊性及防止美国社会陷入动荡局面，美联储向 AIG 提供了 850 亿美元的财政拨款，从而取得其 79.9% 的股份来救助 AIG 的危机，避免其陷入与雷曼兄弟公司同样的困境。截至 2009 年 3 月 14 日，美国政府已经为 AIG 总共提供了 1 800 亿美元的救助资金。在当时的情景下，美国政府放弃了规模庞大的雷曼兄弟公司，而选择救助 AIG 这个主营保险的集团，侧面反映了保险公司破产所带来的严重危机。

（二）我国保险业潜在系统性风险事件

自 1979 年我国保险业恢复经营后，并没有出现大规模或较大影响的保险公司破产事件，由于最初保险公司只涉及传统保险业务，对金融系统的影响不大，然而随着保险业的快速发展与壮大，保险公司开始涉及非传统保险业务，高风险业务的增加，对金融业系统性风险的影响增强，引起了监管部门的关注。郭金龙、华林（2016）总结的我国保险业潜在系统性风险事件主要有：保险资金投资风波引发保险业存在大量不良资产、寿险行业巨额利差损带来的巨大亏损无法消除、保险公司在股票二级市场连续举牌上市公司引发的投资亏损，下面将进行详细的解释。

20 世纪 90 年代，保险资金的投资范围扩大，涉及房地产、证券、信托等多种渠道，投资领域很广，并且资金的运用也处在混乱无序的状况，缺乏配套的监管机制和资金运用的风险意识，当出现通货膨胀，国家实施宏观经济调控政策导致房地产泡沫破裂时，保险业也出现了不良资产，一定程度上出现了潜在的系统性风险。之后国家加强了对保险资金运用的监管，在 1995 年出台《保险法》规定险资只能投资于银行存款、政府债券、金融债券及其他国务院规定的投资方式，对投资比例也有严格的限制。20 世纪 90 年代，我国寿险业的预定利率采取盯住央行的基准利率，由于宏观经济政策调整，央行连续下调基准利率，虽然保险公司也及时下调了寿险的预定利率，但已售出的寿险业务的预定利率出现了很大的利差损。而且保险期限大都在 20 年以上，加上这一时期保险投资基金受到限制，只能投资于利率较低的银行存款、债券等，投资收益率降低，造成的巨额亏损至今都未完全弥补，由此表露出潜在的系统性风险。2012 年以后，保险资金投资的领域再一次放宽，投资高风险金融资产增多，保险公司在股票二级市场多次举牌上市公司股票，中小保险公司数量多，且多是银行、房地产等行业，险资举牌数量大幅度增加，2016 年股票市场下跌趋势持续加大，保险板块下跌 6.71%，举牌的保险公司损失惨重，这一情况可能引发一系列连锁反应，导致保险业潜在系统性风险的上升。

三、我国保险业系统性风险的来源

以往研究表明，系统性风险的来源复杂多样，有内因也有外因，内因主要包括规模、关联性、杠杆率等，外因主要包括市场失灵、市场参与者非理性、监管力度等（俞树毅、袁治伟，2012）。有关研究经验表明，系统性风险的主要来源可分为五大渠道：金融市场失效、经济周期波动作用、市场参与者的心理作用、金融机构脆弱性、金融监管不到位（沈悦、逯仙如，2013）。相对应地，可将保险业系统性风险的来源也分为五大渠道，即可具体表现为保险市场顺周期情况、保险市场供求情况、保险市场监管的政策情况等方面。接下来，本书将通过数据图表对这几类情况进行描述。

（一）我国保险市场顺周期情况

各种经验表明，金融市场具有顺周期性，跟随经济周期波动。在宏观经济下行期，金融市场顺周期性会放大金融市场的脆弱性，从而引发系统性风险事件，造成金融市场失效，最终导致金融危机。衡量一国的宏观经济周期情况的常用标准是国民收入总值，而保险市场保费收入是国民收入的组成部分，可根据这两者的变化趋势判断我国保险市场的顺周期性情况。2008 年全球金融危机后，我国的国民总收入和保险市场原保费收入的变化趋势如图 2-9 所示：

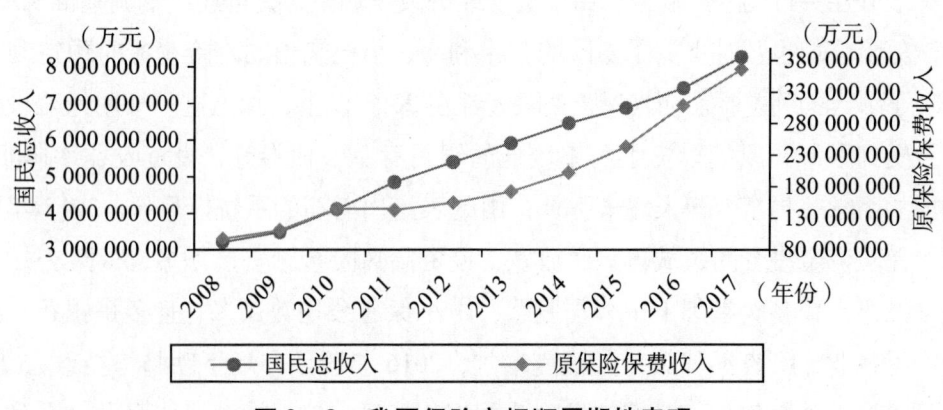

图 2-9　我国保险市场顺周期性表现

资料来源：国家统计局：《中国统计年鉴》，2008~2017 年。

由图 2-9 可知，我国的国民总收入和保费收入的变动趋势大致相同，因此我国保险市场具有顺周期性，即在宏观经济上行期，总体经济景气，带动着我国保险市场快步增长；在宏观经济下行期，总体经济萧条，促使我国保险市场放缓增速。一般情况下，我国的宏观经济周期状况可以从物价、财政收入、货币供应量这三个方面描述，如图 2-10 所示：

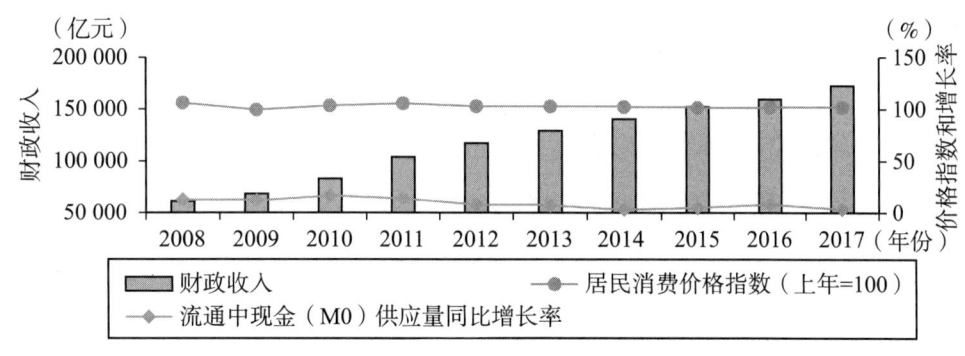

图 2-10 我国宏观经济周期状况变化趋势

资料来源：国家统计局：《中国统计年鉴》，2008～2017 年。

由图 2-10 可知，近十年来，我国的物价指数（CPI）向下波动明显，说明我国宏观经济有少量通缩表现。财政收入增长速度也逐年下降，基础货币供给量增长速度也逐年下降，说明我国宏观经济调控仍然处于量化宽松的政策阶段。2009 年，我国采取"四万亿"一揽子货币财政刺激计划后，经济增长迅猛。到 2014 年，我国进入经济新常态，总体经济增速放缓，开始进入宏观经济周期的经济下行期，国家政府部门不断出台稳增长、调结构的相关政策，刺激经济发展。再到 2017 年，我国宏观经济处于增速放缓期、供给侧改革期、转型攻坚期的三期叠加阶段，各种高杠杆率、产能过剩、流动性不足问题凸显，存在较大的系统性风险隐患。相对应地，我国保险市场被宏观经济下行趋势拉扯进入增速放缓阶段，各种保险市场内部结构性问题浮现，如果市场调节不当可能造成系统性风险事件发生。

（二）我国保险市场供求情况

保险市场供求情况决定保险市场的类型，保险市场的类型反映保险市场自发调节的有效性。根据市场有效论和信息完备假设，越是供求均衡的市场，越接近完全竞争型市场，市场供求双方信息越对称，市场自发调节越有效，市场运作也越稳定，系统性风险事件越少发生。保险的专业性较强，保险市场的信息不对称性较大，保险业容易发生逆向选择和道德风险。所以，保险市场供求双方力量差距越大，市场信息交换越不顺畅，容易导致保险市场失灵，从而引发系统性风险事件。一般情况下，我国保险市场供求情况可以从保险机构数量、保险行业集中度、保险险种业务结构、寿险与产险市场占比结构、保险深度及密度这五个主要方面进行描述。

保险机构数量和保险行业集中度、保险险种业务结构、寿险与产险市场占比结构反映保险市场供给方的力量。保险机构数量越多，意味着保险市场供给方的力量越弱，市场竞争越激烈，保险消费者的选择也就越多，从而能够分散逆向选择和道德风险，维护市场稳定。我国保险机构数量在2008年全球金融危机后的变化如图2-11所示：

图2-11 我国保险机构数变化趋势

资料来源：国家统计局：《中国统计年鉴》，2008~2017年。

由图2-11可知，近十年来我国保险机构数量有所增加，但增长缓慢，到2017年存量只有222家，相比2008年，只增长了不到一倍，平均每年新增约为9家，平均每年同比增长速度约为6%。

行业集中度又称市场集中度（CR_n，$n \in [1, N]$，n通常取3、4、6或8），是一个市场里排名靠前的几家公司的市场份额总和占市场总份额的比重，比重介于0和1之间，比重越高说明市场集中度越高，即市场越趋近于垄断型，市场供给方的力量越强。有关数据表明，近年来，我国财产险市场排名前三位的保险公司一直是中国平安、中国人保、中国太保。寿险市场排名前三位的保险公司一直是中国人寿、中国平安、中国太保。我国财产保险市场和人寿保险市场的行业集中度变化趋势如图 2-12 所示：

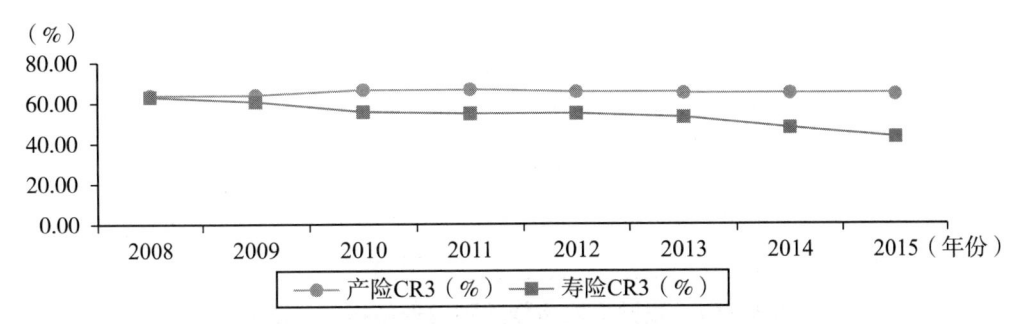

图 2-12 我国财产险和人寿险行业集中度变化趋势

注：由于 2018 年和 2017 年的数据不全，行业集中度数据只收集到 2015 年。
资料来源：原中国保险监督委员会：《中国保险年鉴》，2008~2015 年。

由图 2-12 可知，我国财产保险市场的行业集中度（CR3）的变化波动不大，排名前三位的保险公司始终未变，总体市场份额占比也居高难下。而人寿保险市场的行业集中度（CR3）的变化较明显，但是排名前三位的保险公司也始终未变，只是总体市场份额占比有所下降，说明我国保险市场还是寡头垄断型保险市场。有研究经验表明，人寿险市场相比财产险市场（人寿险业务相比财产险业务），更容易引发系统性风险事件。所以，保险市场中的人寿险和财产险，两险种的市场占比结构均能反映保险市场的系统性风险状况。

由上文介绍，从 2008 年到 2013 年，我国人寿险市场占比下降，而财产险市场占比增加，占比结构趋于平衡。但是，从 2013 年到 2017 年，人寿险市场占比又大幅提高，财产险市场占比萎缩。这说明我国人寿险和财产险的发展仍然不够均衡，风险仍集中于寿险业。

还有研究经验表明，保险险种越多，保险业务结构越完善，保险市场供给越丰富，也能给保险消费者提供更多的选择。我国的保险险种主要分为：财产险、人寿险、责任险及健康险、意外险、信用保证保险，这六大类保险险种业务近十年的保费收入变化情况如图 2-13 所示：

由图 2-13 可知，2008 年到 2017 年我国保险市场的保险险种业务结构不断完善。各类险种业务的保费收入都有所增长，寿险保费仍然在总保费收入中占主要地位，我国保险市场的险种业务结构还不够多元化，风险相对集中于寿险业务，寿险创新业务容易引发系统性风险事件。

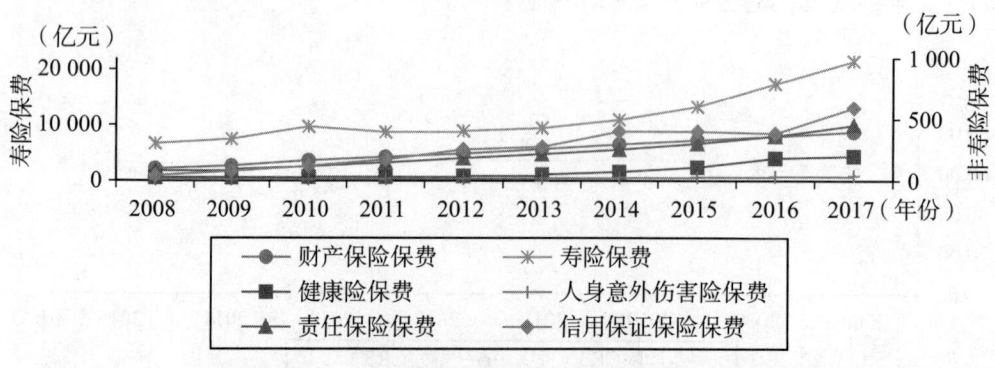

图 2-13 我国保险市场险种业务结构变化趋势

资料来源：国家统计局：《中国统计年鉴》，2008~2017 年。

保险深度及密度反映保险市场需求方的力量。保险深度是保费收入和总人口的比值，保险深度越大，保险消费者人均保费支出越多；保险密度是保费收入和国内生产总值的比值，保险密度越大，国民收入用于保险消费的比例越高。这两者的值越高意味着保险市场需求旺盛，居民的保险意识越强，从而能够减少逆向选择并分散道德风险，促进保险交易信息对称。具体情况如图 2-14 和图 2-15 所示：

图 2-14 我国保险密度和深度变化趋势

资料来源：原中国保险监督委员会：《中国保险年鉴》，2007~2017 年。

由图 2-14 和图 2-15 可知，保险密度在 2008 年全球金融危机后，呈增长趋势；而保险深度在 2010 年到 2013 年期间有所下降，之后大幅提高。我国保险市场的保险密度和保险深度在地域分布上很不均衡，东部沿海发达地区高于西部内陆欠发达地区，存在较大的区域风险集中现象。总体来说，目前距离实现我国保险深度 3 500 元/人和保险密度 5% 的目标较远。

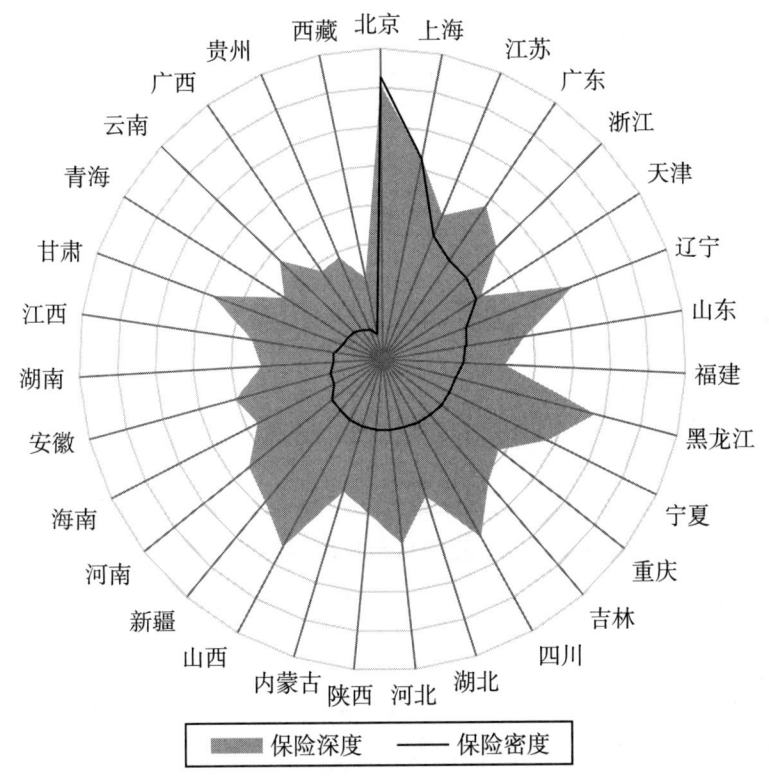

图 2-15　2017 年全国主要省市保险密度和保险深度情况

资料来源：中国保险监督委员会：《中国保险年鉴》，2017 年。

综上可知，我国的保险市场供求情况是供求双方力量对比依旧不平衡，供给方存在结构性问题和风险地域分散不平衡问题，需求方存在保险意识不够强，保险消费能力不够的情况，这些情况都表明我国保险市场存在潜在系统性风险。

（三）我国保险市场监管情况

1. 我国的经济政策和金融监管情况

若宏观经济政策和金融监管过于宽松，会造成金融体系的风险累积难以被发现，从而引发系统性风险事件。总结历次经济金融危机，在危机发生前一般都有金融监管放松的现象，造成市场虚假繁荣的情形。

首先来看宏观经济政策方面的情况。我国自 2008 年全球金融危机发生以来，采取"四万亿"一揽子货币财政刺激计划，践行量化宽松的政策，使得货币供给量猛增，特别是 M2 和 M1 的增长速度远超 M0 的增长速度。到 2017 年底，M2

的供应量是 M0 的两倍。宽松政策下过多的货币供应量，一方面拉动了经济增长，另一方面也带来潜在的系统性风险。我国货币供给量变化趋势如图 2-16 所示：

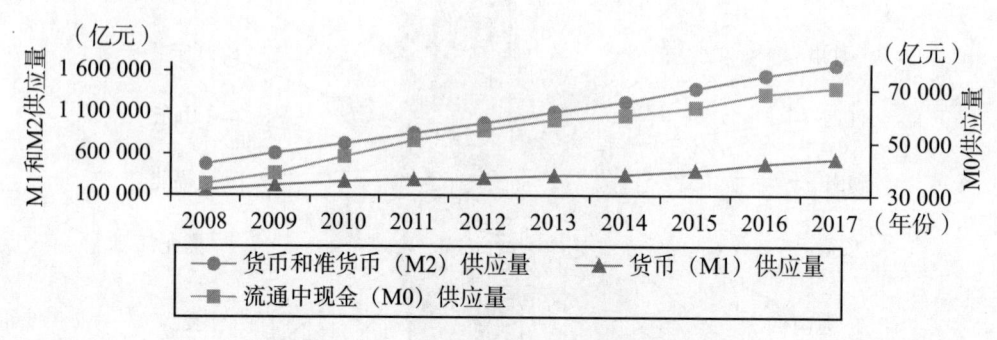

图 2-16 我国货币供应量变化趋势

资料来源：中国保险监督委员会：《中国保险年鉴》，2008~2017 年。

其次来看金融监管方面的情况。2011 年，国际货币基金组织和世界银行组织为我国的金融部门进行了金融部门评估规划（FSAP），提出了许多关于金融改革的建议。2013 年，"一行三会"和外汇局召开了金融监管协调部际联席会议，磋商协作监管方式开始被广泛采用。从 2014 年到 2016 年，我国保监会主张"放开前端，管住后端"，我国保险市场的市场化程度加强，监管部门对保险资金运用渠道的监管放宽，保险业与其他金融行业合作开发创新型金融产品增加，出现一些监管空白区域，可能存在监管套利行为。2017 年以来，保险业监管有加严趋势，主张"穿透式"监管，对寿险业的创新型保险产品进行了规范整理，到 2018 年已有所成效。2018 年初，银保监会合并，表明我国金融监管趋势加严，利用监管空白进行监管套利的现象将大大减少，资管类业务将得到有效的监管。

2. 国际上的宏观审慎金融监管趋势

微观审慎注重个体金融机构的风险评估，主要是运用单个机构的资产负债表数据进行指标计算，然后简单加总得出整个金融市场的系统性风险水平；宏观审慎注重从金融机构之间的关联度和可替代性入手，分析系统性风险在整个金融市场内部的分布情况，考虑更为复杂的风险网络关系，但是无法反映单个机构的风险情况，宏观审慎包括"时间"和"空间"两个维度的风险监管。两种审慎监管方式的区别如表 2-6 所示：

表 2-6　　　　　　　　微观审慎和宏观审慎的监管区别

分类	微观审慎	宏观审慎
出发点	为了防范单个金融机构的风险	为了防范整个金融市场的风险
最终目的	保护个体的投资行为	防止社会金融体系的崩溃
分析角度	"自下而上",不考虑机构间的关联度	"自上而下",考虑机构间的关联度

在 2008 年全球金融危机发生以前,各国金融监管部门没有重视宏观审慎监管工具,仅对金融机构进行微观审慎。2008 年全球金融危机发生后,国际上金融监管开始重视采用宏观审慎监管工具,构建宏观审慎监管框架,强调评估系统重要性机构对金融体系的系统性风险贡献度和敏感度,主张进行系统性风险的动态监控。我国原银监会紧跟国际银行监管形势,开始构建银行业的宏观审慎监管框架。同时,原保监会也借鉴国际经验和国内银行业的实践成果。2016年,原保监会开始着手保险业的"偿二代"监管体系的建设规划,开始构建监测潜在保险业系统性风险累积的指标体系,并运用定量和定性指标评估我国保险业系统性风险情况,对系统性风险进行预警监管。

综上所述,我国保险业的监管环境较为良好,不存在监管过度宽松的现象,但是监管体系还不够完善,需要和其他金融监管部门进一步地协调运作,减少监管空白,并且向国际宏观审慎监管趋势靠拢,否则很难全面防范系统性风险事件。

四、我国保险业系统性风险的基本特征

2008 年全球金融危机后,金融稳定委员会给出了界定系统性风险的三大标准,即规模、可替代性、相关性。其中,规模是指金融体系中各子市场所提供的交易量;可替代性是指当金融体系某子市场发生系统性风险事件时,金融体系中其他子市场可以提供类似服务的程度;相关性是指金融体系中各子市场的相互关联程度。有研究经验表明,保险业系统性风险的基本特征现状可具体表现为保险市场规模情况、我国"类保险"产品经营情况、我国保险业与其他金融行业的混业情况,分别对应我国保险业系统性风险的规模特征、可替代性特

征和相关性特征。接下来，本书将通过图表数据对这三类情况进行描述。

（一）我国保险市场规模情况

保险市场规模越大，和其他金融市场的关联度越强，意味着保险市场在金融体系中的作用越大，保险市场风险会作用于整个金融体系，增强系统性风险的传染效应。有研究经验表明，保险市场规模可以从保险市场原保费收入、保险市场资产总额、保险机构组织层次分布、保险机构国际化程度这四个角度进行描述。首先来看我国保险市场的原保费收入情况，如图2-17所示：

图2-17 我国原保险保费收入变化趋势

资料来源：国家统计局：《中国统计年鉴》，2008~2017年。

近十年来，我国保险市场的原保险费收入逐年上升，且上升幅度较大，原保费收入增长说明我国原保险市场有了较大的发展，保险市场规模有所壮大。其次，我国保险市场的资产总额变化情况，如图2-18所示。

图2-18 我国保险业资产总额变化趋势

资料来源：国家统计局：《中国统计年鉴》，2008~2017年。

近10年来，我国保险市场的资产总额也大幅增加，并于2014年突破了10亿大关。到2017年，资产总额是2008年的五倍。再次，我国保险市场的中资保险机构层次分布，如图 2-19 所示：

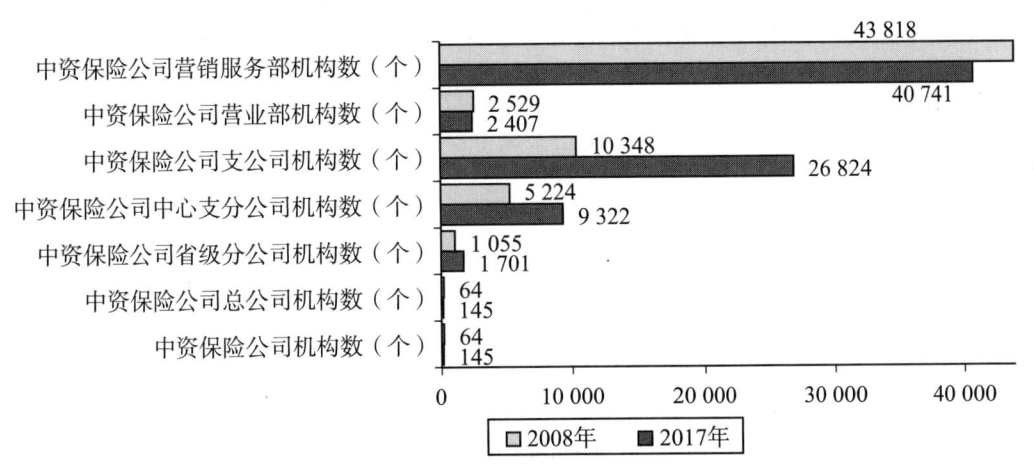

图 2-19　2008 年和 2017 年我国中资保险公司机构网点层次分布对比

资料来源：国家统计局：《中国统计年鉴》，2008～2017 年。

从 2008 年到 2017 年，我国中资保险公司的基层营业服务部数量减少，中层支公司数量增多，呈现"金字塔"结构。保险公司垂直管理分支部门梳理的增加，也增加了"委托—代理"问题出现的可能性，也增加了保险公司的信用风险发生的可能性，容易引发系统性风险事件。我国保险市场的国际化水平，可以根据外资参与我国保险市场的情况来判断，我国中外合资保险机构数量如图 2-20 所示：

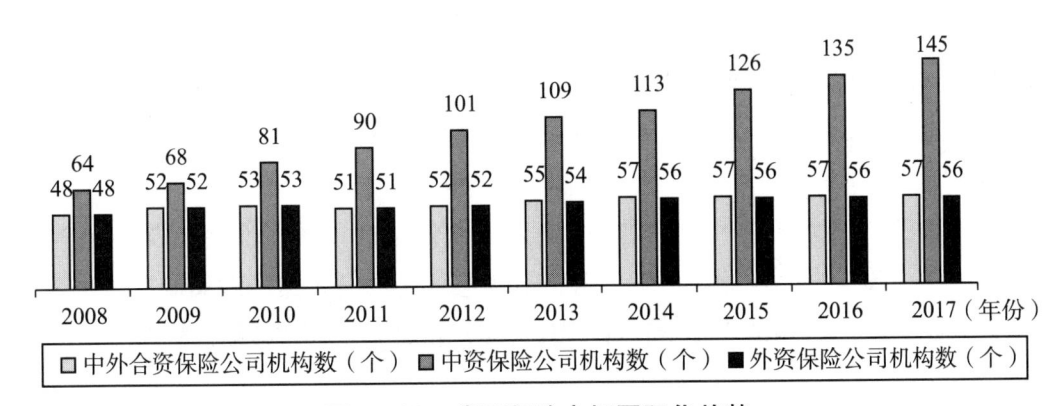

图 2-20　我国保险市场国际化趋势

资料来源：国家统计局：《中国统计年鉴》，2008～2017 年。

由图 2-20 可知,我国外资、中外合资保险机构数量自 2008 年以来有所增加,但是相比中资保险机构数量增长情况,外资和中外合资保险机构增长幅度不大。而且,我国的外资保险机构大多是中外合资企业,不利于我国保险市场在国际市场上分散风险。

综上所述,我国保险市场规模在不断壮大,且发展速度较快。保险市场资产规模壮大带动金融资产规模壮大,也增加了系统性风险事件发生的可能。中资保险机构的组织层次结构有所完善,但管理层次拓宽可能导致"委托—代理"问题增加。市场供给主体仍以中资保险机构为主,不利于风险在国际保险市场上分散。

(二)我国"类保险"产品发展情况

保险的保障功能使其区别于其他金融工具。储蓄和投资等行为和保险行为有共性但是不可互相替代。目前,我国的"类保险"产品是我国保险产品的潜在替代品。保险市场发生系统性风险时,"类保险"产品可以缓解保险业系统性风险的传染效应。所以,保险业系统性风险的可替代性现状可以根据我国"类保险"产品发展情况进行分析。

目前,我国"类保险"产品主要有互助基金、众筹机制两类。其中,互助基金的典例是阿里巴巴集团旗下的第三方支付平台支付宝联合信美人寿相互合作社开发的相互宝,该产品的运作方式是让一定数量的潜在大病风险人群组成一个基金池,在发生风险事件时提供给付。众筹机制的典例是水滴互助平台,该平台采取公募资金的方式,让风险事件受损者自发地发起募资计划,由平台其他未受损用户自愿捐款,提供事后补偿。这两种类保险产品都具有保障功能,但一个是事前募资全体分摊,一个是事后募资自愿分摊,都与传统的保险产品不同。

随着我国"类保险"产品增加,其对传统保险的可替代性会加强。但是,我国"类保险"产品设计还不够完善,市场监管还没有相关的政策制度,平台质量鱼龙混杂,"类保险"产品给我国保险市场带来了负外部性的影响。

(三)我国保险业与其他金融行业的混业情况

保险业系统性风险的关联特征主要体现为风险在各金融市场之间的传染效

应。以往的研究经验表明，保险业和其他金融行业的混业经营是保险业与金融体系关联的主要方式。由于我国金融监管规定我国金融行业不得混业经营，所以我国保险业和其他金融行业的混业经营主要表现为保险机构的集团化，即大型保险集团下设非保险金融机构或者举牌非保险金融机构。自2008年全球金融危机后，我国保险集团数量变化情况如图2-21所示：

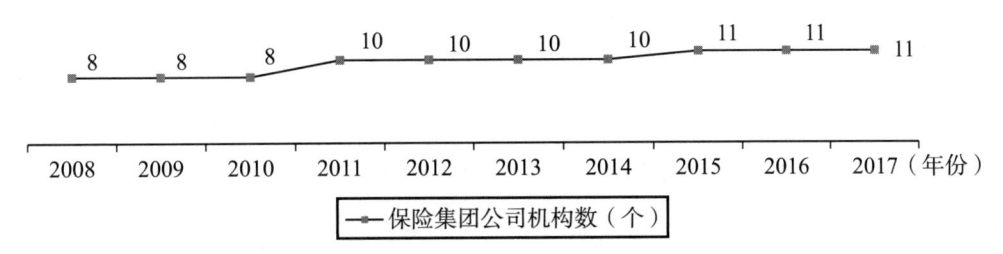

图2-21 我国保险集团公司机构数变化趋势

资料来源：国家统计局：《中国统计年鉴》，2008~2017年。

由图2-21可知，我国保险集团数量有所增加，且有多家保险集团下设或者举牌了银行机构和证券机构。保险业和银行业的系统性风险特征有所区别，银行业系统性风险与保险业相比较大，且银行业系统性风险的监管方式与保险业不同，集团化的保险机构经营管理具有复杂性，会造成监管空白，不利于监管部门的监管，可能引发系统性风险事件。

五、我国保险业系统性风险的传导机制

系统性风险的传导机制，也称为扩散机制，是将单个金融市场系统性风险扩散为全部金融市场系统性风险的作用过程。以往研究经验表明，保险业系统性风险一般是通过再保险渠道和保险资金运用渠道扩散到其他金融市场和整个金融体系。因此，我国保险业系统性风险传导机制的现状可以从我国保险市场资金运用情况来进行简单分析。

（一）再保险渠道

在保险市场中，再保险渠道是重要的转移风险和配置资产的方法和手段，当遭遇风险冲击时，通过再保险，风险敞口会从一家公司导向数家公司，从国

内市场导向国际市场。在原保险公司遭受到风险冲击后，若其资本金不足或超过其所需赔付部分，风险所带来的剩余损失部分将由再保险公司承担，当再保险公司依然无法偿付时，风险将会继续传给转分保公司。再保险和转分保业务是保险机构为了稳健经营、合理配置资产和扩大经营业务而进行的分散风险的业务，该业务将众多相互关联的保险公司组成多层次的复杂网络。在完全信息的情况下，再保险方将清楚地了解在国际化的再保险市场中交易对手及其风险敞口的大小。但不透明性，即信息不完全是再保险市场和转分保市场的一个重要特征，再保险公司等市场参与者和金融监管当局只了解总体信息的一部分，并不能完全知晓总体风险敞口的大小。在整个再保险体系中，再保险公司只掌握关于其直接交易对手的信息，而对其间接交易对手的信息知晓得较少，就容易导致再保险公司在不了解风险的大小的情况下就承保。当系统遭受到巨灾冲击时，原保险公司风险在再保险系统网络的乘数效应作用下会不断放大，这很容易诱发再保险市场的系统性风险，进而影响整个经济体系的安全与稳定。

相对于保险市场份额来说，再保险市场份额较小。但是作为为保险市场提供保险的角色，再保险对于分散全球风险都有很积极的意义。对于维护中国金融系统的稳定，再保险市场有不可忽视和或缺的影响。再保险公司位于风险传染链条的顶端，如果遭受长尾事件的冲击而导致其倒闭，那积聚的风险将会传导给原保险公司，诱发保险体系的系统性风险，进而影响整个宏观经济和实体经济（Berger et al., 1992）。

近年来学界对再保险市场系统性风险的关注度和研究逐渐提高，主要是因为三点：第一点是近年来再保险市场集中度逐年增高，尤其是我国再保险公司数量很少，再保险体系的健全度急需提升；第二点是上述的再保险市场的不透明性和牵连的复杂网络的存在，使得较难去区分再保险市场中出现的危机究竟是源于保险市场还是其他的经济领域；第三点是再保险危机蔓延典型的历史案例（Park et al., 2014）引起了大家的警惕。虽然当前学者们对再保险市场的系统性风险的性质仍有争议，但统一认同再保险市场确实存在系统性风险。康明斯和韦斯（Cummins and Weiss, 2014）认为由于财产保险公司对再保险公司的过度依赖，财产公司存在系统性风险的可能性最大。派克等（Park et al., 2014）测量了再保险业与保险业之间的联系及其紧密程度，证明再保险业与保险业的确存在紧密的联系，并测度了不同情况下再保险市场失灵带来的系统性风险大小。阿查里雅（Acharya et al.，2009）发现再保险市场通过提升金融机构间的相连性加大了金融市场的系统性风险，再保险市场的信息不透明主要是由于监管机构对再保险市场的监管不到位及再保险公司的性质引起的。牛晓健、吴新梅（2019）使用校准的银行间的风险传染动力学模型来测算我国再保险市场的系统性风险，发现我国再保险市场目前较为稳健，但是随着赔付率的提高和金融危机周期性的到来，我国再保险市场也将会面临高度重要系统性风险的局面，这需引起相关监管层的重视。

（二）保险市场资金运用渠道

保险市场资金运用渠道是保险市场分散风险的机制之一。保险机构运用资金投资其他金融市场或者实体经济，使得自身获得非保费收入，提高自身的偿付能力水平。如果资金运用过于冒险，则会使得资本市场的风险扩散到保险市场，推动系统性风险扩散。

我国保险监管部门规定保险资金运用渠道为银行存款、国债、金融债券、企业债券、证券投资基金，可分为银行存款和投资两类。2008 年全球金融危机后，我国保险市场资金运用情况变化趋势如图 2-22 所示：

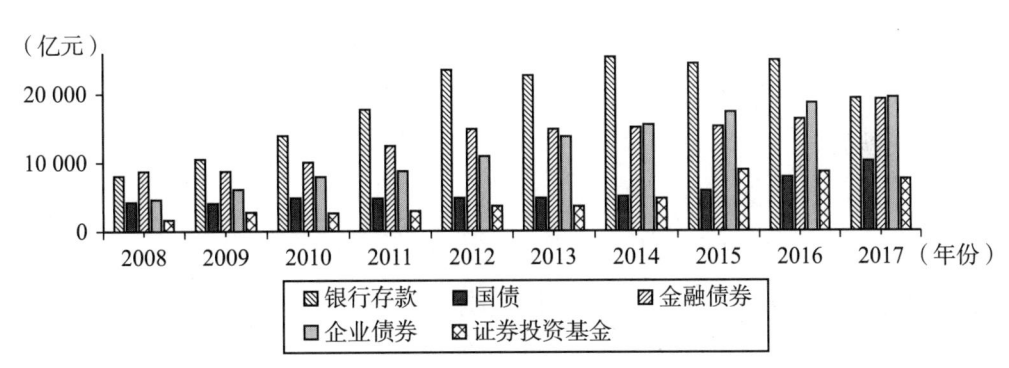

图 2-22 我国保险资金运用情况变化趋势

资料来源：国家统计局：《中国统计年鉴》，2008～2017 年。

由图 2-22 可知，2008～2017 年，我国保险市场资金运用渠道分布更加完善，运用总额也大幅提高。到 2017 年末，我国保险公司的投资总额达 5 000 亿元，其中证券投资基金总额逐年增加，相反，银行存款总额自 2014 年开始逐年下降。近三年来，我国保险市场资金运用渠道监管放宽，保险公司投资证券股票的现象增多，反映出我国保险市场存在保险资金运用混乱的现象。随着我国保险市场和其他金融市场的关联度加强，保险业系统性风险扩散到其他金融市场的可能性加大，可能引发系统性风险事件。

第四节　我国上市保险公司的系统性风险情况

目前，国际上系统性风险监管趋势是采用宏观审慎监管工具，构建动态宏观审慎监管框架，需要对系统性风险在"时间"和"空间"两个维度上进行动态监管。上市保险公司与金融体系的关联度较高，能够反映系统性风险的跨行业传染情况，因此要从"空间"维度上评估我国保险业系统性风险情况。上市保险公司的信息公开且易获取，因此选取其股票收益率数据可以建立动态系统性风险评估模型，从"时间"维度上评估我国保险业系统性风险情况。更重要的是，我国在A股上市的中国平安保险集团连续三年被国际保险监督官协会（IAIS）纳入全球系统重要性保险机构排名之中，并且有研究经验表明，我国其他的几家上市保险公司也具有潜在的系统重要性保险机构特征，有必要对我国上市保险公司的风险情况进行分析，从而更深入地了解我国保险市场系统性风险的现实情况。

一、我国保险公司在A股上市概况

若不区分A股和H股，截至2018年，我国保险市场中上市保险公司共有8家，其中在A股和H股都上市的有5家，仅在H股上市的有3家。A股和H股的发行和交易制度不同，所以无法将这8家的市场表现混为一谈。A股市场作为我国境内资本市场的重要组成部分，是我国金融体系风险情况的晴雨表，比H股更能反映我国的系统性风险情况。

我国在A股上市的5家保险公司，分别是中国人保、中国人寿、中国平安、中国太平洋、新华保险。保险公司在 A 股上市，意味着能够获得更广泛的融资空间，也意味着和金融体系、资本市场的关联度进一步加深。随着我国资本市场制度体系不断完善，我国保险公司上市的机会将逐渐增加，也增加了我国保险业跨行业传导系统性风险的可能，即能够在"空间"维度上反映我国保险业的系统性风险情况。在这 5 家公司中，中国人寿和中国平安、中国太平洋于 A 股上市的时间较早，它们在 2008 年金融危机发生之前就已经上市，经历了资本市场周期波动，能够在"时间"维度上反映我国保险业的系统性风险情况，从而为动态监管我国保险业系统性风险提供实证参考。具体的 5 家上市保险公司的上市情况如表 2-7 所示。

表 2-7　　　　　　　　我国保险公司在 A 股上市概况

A 股上市险企	上市时间	股票代码	上市形式	主营业务
中国人寿	2007 年 1 月 9 日	601628	寿险子公司单独上市	寿险业务
中国平安	2007 年 3 月 1 日	601318	集团上市	寿险、财产险等业务
中国太平洋	2007 年 12 月 25 日	601601	集团上市	寿险、财产险等业务
新华保险	2011 年 12 月 16 日	601336	寿险子公司单独上市	寿险业务
中国人保	2018 年 11 月 16 日	601319	集团上市	寿险、财产险等业务

资料来源：网易财经股票交易数据库、各上市险企公开信息数据，2018 年。

截至 2017 年末，我国共有 12 家保险集团，中资保险公司机构 145 家。保险公司总资产达 169 377.32 亿元，较去年增加了 15 612.66 亿元，增长了 10.15%。

由图 2-23 可以看出各保险公司总资产占行业总资产之比的情况，中国平安的总资产达 64 930.75 亿元，位于行业第一位，同比增长 10%，资产占比为 38.33%；中国人寿的总资产达 35 995.77 亿元，位于行业第二位，同比增长 12.35%，资产占比达 21.25%；太平洋保险公司的资产达 11 712.24 亿元，位于行业第三位，同比增长 14.1%，资产占比为 6.91%；中国人民保险公司总资产达 9 879.73 亿元，同比增长 4.42%，资产占比为 5.83%；新华保险公司的总资产达 7 102.75 亿元，同比增长 3.33%，资产占比为 4.19%。五家保险公司的总资产占行业总资产的比例为 76.53%，超过行业总资产的一半还多，足以说明这五家保险公司在保险行业中有着举足轻重的地位。

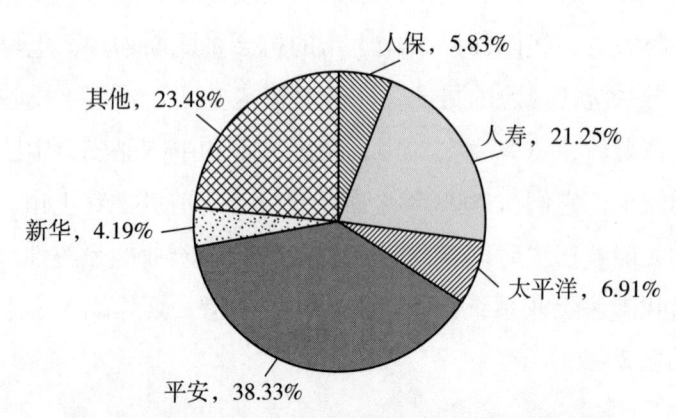

图 2-23　五家上市保险公司资产占比饼状图

（人保，5.83%；人寿，21.25%；太平洋，6.91%；平安，38.33%；新华，4.19%；其他，23.48%）

资料来源：中国银行保险监督管理委员会《2018年保险统计年鉴》。

从行业利润的分析来看，2017年保险行业的预计利润总额达2 567.19亿元。其中中国平安保险集团的净利润达999.78亿元，中国人民保险集团的净利润为237.69亿元，太平洋集团的净利润为149.91亿元，中国人寿的净利润为123.51亿元，新华保险集团的净利润为53.84亿元。由图2-24可以看出，中国平安、中国人民保险集团、太平洋集团、中国人寿和新华保险的净利润占行业总利润的比例分别为38.94%、9.26%、5.84%、4.81%和2.10%，这五家上市保险公司的总利润占比超过60%，是行业整体利润的主要来源。

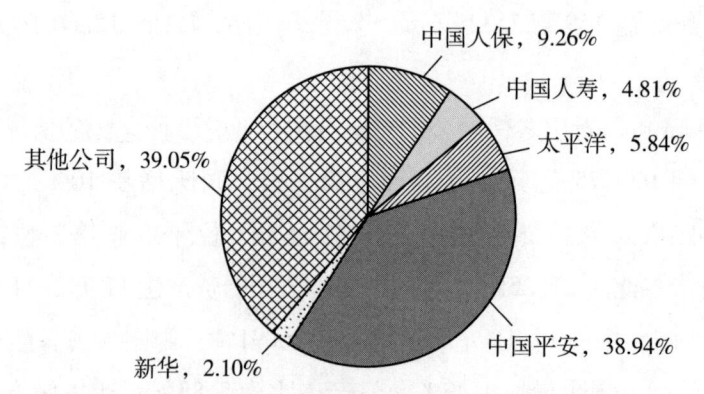

图 2-24　五家上市保险公司利润占比饼状图

（中国人保，9.26%；中国人寿，4.81%；太平洋，5.84%；中国平安，38.94%；新华，2.10%；其他公司，39.05%）

资料来源：中国银行保险监督管理委员会《2018年保险统计年鉴》。

二、我国 A 股上市保险公司的系统性风险表现

虽然系统性风险是整个金融体系的风险，但是单个金融机构也受系统性风险影响并对系统性风险有所贡献，保险公司的系统性风险表现可以从系统性风险特征的三个主要方面，即规模、关联度和可替代性来进行描述。

首先，有关数据表明，我国在 A 股上市的 5 家保险公司也是在我国保险市场上占据绝大部分市场份额的保险公司，其中中国人保、中国平安、中国太平洋占财产保险市场的前三，中国人寿、中国平安、中国太平洋是人寿保险市场的前三，而新华保险也是人寿保险市场排名前七的保险公司之一。目前，这 5 家保险公司的原保费收入占整个保险市场的原保费收入的半数以上，其资产规模总和也占整个保险市场资产规模总和的半数以上，可以说这 5 家保险公司是我国保险市场上的寡头，具有较大的规模。

其次，在我国 A 股上市的 5 家保险公司中，中国人保、中国人寿、中国平安、中国太平洋都是集团化的组织形式，旗下业务包括财产险和人寿险，还涉及部分银行类和证券类业务，可以说这 5 家保险公司是我国保险市场混业经营的典型，也是和其他金融市场相关联的主要保险公司，具有较高的关联度。表 2-8 是中国平安、中国人寿、和中国人民保险的下属公司列表，可以看出平安集团在保险、银行、投资、金融科技等业务都有不少的下属公司，是我国第一家持有金融全牌照的金融机构。而中国人寿和中国人保也不甘落后，纷纷在其他不同的金融领域也设置了下属子公司。

表 2-8　　　　　　中国平安、中国人寿、中国人保旗下子公司

系列	中国平安下属公司	中国人寿下属公司	中国人民保险下属公司
保险系列	中国平安人寿保险股份有限公司	中国人寿保险股份有限公司	中国人民人寿保险股份有限公司
	中国平安财产保险股份有限公司	中国人寿财产保险股份有限公司	中国人民财产保险股份有限公司
	平安养老保险股份有限公司	中国人寿养老保险股份有限公司	中国人民养老保险有限责任公司

续表

系列	中国平安下属公司	中国人寿下属公司	中国人民保险下属公司
保险系列	平安健康保险股份有限公司		中国人民健康保险股份有限公司
			中盛国际保险经纪有限公司
			中国人民再保险股份有限公司
银行系列	平安银行股份有限公司	广发银行股份有限公司	
投资系列	平安资产管理有限责任公司	中国人寿资产管理有限公司	中国人保资产管理有限公司
	平安信托有限责任公司	国寿投资控股有限公司	人保资本投资管理有限公司
	深圳市平安创新资本投资有限公司		人保投资控股有限公司
	平安证券有限责任公司		
	平安期货有限公司		
	平安基金管理有限公司（原平安大华基金管理有限公司）		
	平安不动产有限公司		
	平安国际融资租赁有限公司		
金融科技系列	上海陆家嘴国际金融资产交易市场股份有限公司（陆金所）	中国人寿电子商务有限公司	
	平安健康互联网股份有限公司		
	上海壹账通金融科技有限公司		

续表

系列	中国平安下属公司	中国人寿下属公司	中国人民保险下属公司
金融科技系列	平安医疗健康管理股份有限公司		
	平安壹钱包电子商务有限公司		
	平安城市建设科技（深圳）有限公司		
共享系列	平安科技（深圳）有限公司		人保金融服务有限公司
	深圳平安综合金融服务有限公司		
战略投资	上海家化联合股份有限公司	保险职业学院	

资料来源：作者根据各保险公司官网公开数据整理。

最后，由于我国保险市场是寡头垄断型保险市场，市场上的险种业务结构还不够丰富，产品条款比较雷同，我国在 A 股上市的 5 家保险公司的产品服务质量与其他非上市的保险公司相比较高，在我国保险市场上占据主流，它们的客户群体的范围也最大。其中有一家倒闭对整个保险市场的冲击是很大的，短时间内能替代它们的保险公司较少，所以具有较低的可替代性。

综上所述，在我国保险业系统性风险现状严峻的形势下，规模大、关联度高、可替代性低的我国 A 股上市的保险公司容易受行业和市场的风险影响，存在系统性风险累积现象。基于这些现实情况，有必要对我国上市保险公司进行系统性风险评估，通过定量分析模型将我国上市保险公司的系统性风险情况量化，在"时间"和"空间"两个维度上对系统性风险情况进行评估，为我国保险业系统性风险监管提供实证参考，也为我国保险市场系统性风险宏观审慎工具运用和框架建设提供实证参考。

第三章
系统性风险评估方法的理论比较

第一节　系统性风险评估方法介绍

系统性风险评估是指基于与系统性风险相关数据和信息,对系统性风险发生概率和发生后造成的损失进行定性、定量分析和预测的过程。系统性风险评估方法主要是对金融行业或者金融机构进行系统性风险的定量分析的方法。在2008年全球金融危机发生之前,学界对系统性风险评估方法的探索集中在银行业和证券业。在2008年全球金融危机发生之后,学界才开始探索保险业系统性风险评估方法。保险业的系统性风险评估方法是基于银行业的系统性风险评估方法建立的,银行业、保险业的系统性风险评估方法有共性也有个性,都属于系统性风险评估方法范畴。所以本节将不区分行业,介绍系统性风险研究常用的系统性风险评估方法。

随着国际金融监管部门对宏观审慎监管理念的认同加深,监管系统性风险越来越多地采用宏观审慎监管工具,在"时间"和"空间"两个维度上进行监管。其中,"空间"维度上的监管涉及系统重要性机构评估方法,而且系统重要性机构评估是系统性风险评估方法的重要应用之一。运用系统性风险评估方法对金融机构的规模、关联度和可替代性等系统性风险基本特征进行量化分析,从而为识别出系统重要性机构提供定量指标,再结合一些定性指标可以评估出系统重要性机构。在介绍系统性风险评估方法时,有必要介绍系统重要性机构评估方法,从而更准确地说明系统性风险评估方法的内涵。所以本节先介绍系统性风险评估的方法,再对系统重要性机构评估方法进行简略地介绍,进一步说明本书评估方法选取的依据。

一、系统性风险评估的方法

目前,国际上还没有公认的系统性风险评估的方法模型。一方面,学界和监管部门对系统性风险的探索还不够多，对系统性风险没有一个统一且被普遍接受的定义。系统性风险不同的定义强调系统性风险不同的方面，也决定了系统性风险评估方法的多样性。另一方面，现如今国际上的金融风险管理技术还不够成熟，未知的风险领域比已知的技术空间宽阔，而系统性风险也不是单个金融机构风险简单地加总，涉及各种已知或未知的关联性，所以系统性风险评估存在难度，评估方法也具有复杂性。

早期的系统性风险评估的方法大多是利用机构之间的资产负债表数据来评估机构的系统性风险关联度。这类方法是根据资产负债表数据，以一家机构破产倒闭的概率估计系统内某一特定数量的机构同时倒闭的可能性，来评估单个机构的系统性风险关联度，从而评估出系统性风险大小。此类方法包括矩阵法、网络分析法等。其中，矩阵法是先估计金融机构之间的双边风险敞口矩阵，然后给各个金融机构的损失率赋予不同的值（权重），依据不良资产多于一级资本则金融机构会倒闭的原则，确定倒闭机构的数量，从而评估出单个金融机构的系统性风险关联度。网络分析法是先识别不同金融机构类型的不同网络结构，再依照金融机构之间的市场网络结构，通过神经网络模拟法等数值模拟方法来评估单个金融机构的系统性风险关联度。由于金融机构之间的资产负债表数据是双边敞口数据，往往很难搜集，所以一般采用最大熵方法及利用单个机构的数据代替机构之间的数据来评估机构之间的关联度，导致早期的系统性风险评估方法不具有实用性。

2008 年全球金融危机之后，系统性风险评估的方法主要是简约化市场方法，这类方法主要是利用公开市场数据（包括证券产品收益率、信用违约互换价格等市场数据）。公开市场数据是高频数据，时效性较高、获取成本较低，且能够兼顾"时间"和"空间"两个维度。更重要的是，公开市场数据一方面可用于评估系统整体的系统性风险大小，另一方面可用于评估当系统整体处于危机时，单个机构的系统性风险敏感度和系统性风险溢出度。

评估系统整体的系统性风险大小的方法有灾难保险费法（DIP）、系统性风险预期损失法（SES）、条件在险价值法（CoVaR）等，主要是预警指标和宏观压力测试方法的范畴。由于评估单个机构的系统性风险存在两种思路，即"自下而上"的贡献思路和"自上而下"的分配思路。"自下而上"的贡献思路以单个金融机构受系统性风险事件影响为前提，评估单个金融机构对整个金融系统的系统性风险溢出度大小；"自上而下"的分配思路线是先假定金融体系发生系统性风险事件，然后通过某种分配方法将整体系统性风险分配给各个金融机构，从而评估出单个金融机构受系统性风险影响的反应敏感度。所以，评估单个金融机构系统性风险的方法可分为两类，一是依据"自下而上"的贡献思路，评估单个金融机构的系统性风险溢出度的方法；二是依据"自上而下"的分配思路，评估单个金融机构的系统性风险敏感度的方法。其中，在评估机构的系统性风险溢出度的方法之中，代表性方法为条件在险价值溢出度方法（ΔCoVaR）。在评估机构的系统性风险敏感度的方法之中，代表性方法为系统性风险边际预期损失法（MES）和沙普利值法（sharpley value）。

综上所述，按照所依据的数据不同，系统性风险评估的方法大致可分为两类，即基于资产负债表数据的方法（包括矩阵法、综合指标法、网络分析法等方法）和基于公开市场数据的方法（又称简约化的市场方法）。目前基于公开市场数据的系统性风险评估方法各有优劣，其比较情况如表 3-1 所示。

表 3-1　基于公开市场数据的系统性风险评估方法比较

方法	评估整体系统性风险的方法			评估单个机构系统性风险的方法		
	DIP 方法	SES 方法	CoVaR 方法	"自下而上"贡献思路	"自上而下"分配思路	
				ΔCoVaR 方法	MES 方法	Sharpley 方法
具体概念	以违约概率模型为基础，度量极端条件下金融系统遭受损失的条件期望值	以 ES 模型为基础，度量金融系统整体的系统性风险期望损失程度	以 VaR 模型为基础，度量金融系统与单个金融机构的系统性风险关联度	以 VaR 模型为基础，假定不同机构、产品之间的风险溢出效应不同，度量当某一机构处于一定风险水平（VaR）时，对系统性风险的溢出度	以 ES 模型为基础，通过度量机构损失分布的 α 分位数之外的边际期望损失（MES），预测发生系统性风险事件时，单个金融机构的系统性风险敏感度	假定系统风险水平是机构风险的总和，度量单个机构受系统风险的影响程度随其自身规模而同比例变化的幅度
优点	可以评估出整体系统性风险，从宏观的角度把握系统性风险情况			能反映目标金融机构的杠杆率、资产规模，以及对系统性风险的作用机制	能反映金融机构的系统关联度、尾部风险分布情况，以及对系统性风险的反馈机制	
				可以评估出单个机构对整体系统性风险的溢出度或敏感度，从微观角度把握系统性风险情况		

续表

方法	评估整体系统性风险的方法			评估单个机构系统性风险的方法		
	DIP 方法	SES 方法	CoVaR 方法	"自下而上"贡献思路	"自上而下"分配思路	
				ΔCoVaR 方法	MES 方法	Sharpley 方法
缺点	只涉及宏观层面的系统性风险评估，无法反映微观层面的机构系统性风险情况，评估结果只能起到宏观预警的作用，无法对系统性风险监管提供机构风险量化依据			（1）不具备可加性，不满足整体一致性的风险评估标准；（2）使用相关关系来刻画具有因果关系的风险外溢效应，无法反映风险外溢的方向；（3）不能反映尾部风险分布情况	（1）假定系统性风险是机构风险的总和，不符合现实情况；（2）不反映金融机构的杠杆率和资产组合情况；（3）尾部风险分布未知，凭主观经验确定的分位数值无法准确评估系统性风险	
				无论在平常时期还是危机时期，ΔCoVaR 和 VaR 相差不大，MES 与 CAPM 模型的 Beta 系数差别不大，而且只度量了机构的系统性风险的相对损失程度		

此外，在宏观审慎监管框架下，系统性风险评估可以从两个维度出发，一是空间（跨行业）维度，即各机构之间的相互关联和共同行为引发的风险；二是时间维度，即随着时间不断积累的市场失灵引发的风险。从空间维度来评估系统性风险，主要涉及金融机构面临的两大问题，即"太关联了而不能倒"和"太系统了而不能倒"的问题，体现为金融系统内部及金融系统和实体经济系统之间的相互作用可能引起的系统性风险。从时间维度来评估系统性风险，主要考虑金融系统顺周期性，具体表现为系统性风险随时间而累积变化的情况。"空间"和"时间"两个维度分别反映了系统性风险所包含的"系统重要性"和"系统风险性"概念。其中，"系统重要性"主要体现为金融机构的系统性风险溢出度和敏感度，"系统风险性"主要体现为金融机构的系统性风险溢出度和敏感度随时间积累的情况。

如今，系统性风险监管部门倾向于采用宏观审慎工具进行监管，要求从"时间"和"空间"两个维度对系统性风险进行评估，从而能够采取合适的宏观审慎工具。而"时间"维度上（张连增、胡祥，2014）的系统性风险评估方法不多，且要使用的时变数据较难获取，常用的滚动固定窗口方法具有局限性。在"空间"维度上的系统性风险评估方法中，评估系统重要性金融机构在金融体系中分布情况的方法和评估处于复杂金融网络之中的金融机构的系统关联度的方法还有待发展。其中，评估处于复杂金融网络之中的金融机构的系统关联度的方法，可以根据所使用的数据不同分为：基于资产负债表和机构间风险敞口数据的数值模拟网络分析法和基于公开市场数据的格兰杰因果关系检验法。数值模拟网络分析法是早期的系统性风险关联度评估方法，由于数据的可获得性和可靠性较低，很难有实用价值；格兰杰因果关系检验法是目前常用的系统性风险关联度评估方法，但是一般是基于指标数据进行检验，结果的可靠性较低。

综上所述，学界还在探索更有效的系统性风险评估的方法，前面提到的每一种方法都还有待发展。要在"时间"和"空间"两个维度上对机构的系统性风险情况进行评估，基于公开市场数据的方法比较合适，公开市场数据具有时变的特征且易于获取，还受到宏观经济和资本市场波动的影响，具有较高的关联度。更重要的是，利用基于公开市场数据的系统性风险评估方法还可以反映整体系统性风险情况，也可以反映单个机构的系统性风险溢出度和敏感度，从"自下而上"和"自上而下"两个角度评估单个机构的系统性风险水平。

二、系统重要性机构评估的方法

系统重要性机构评估是系统性风险评估方法的重要应用之一。目前国际上系统重要性机构的评估流程，一般包括指标筛选—定量分析—定性分析三个环节，即先识别系统重要性活动，再对系统重要性活动赋予具体的指标，搜集相关数据，将定量分析和定性分析结合，从而判断出系统重要性机构。其中，定量分析环节就是系统性风险评估方法应用的环节。该环节是采用前述的系统性风险评估方法，来量化金融机构的系统性风险的过程，定量分析的方法按照所使用的数据来源不同可以分为两大类，一类是基于机构财务数据的指标法，另一类是基于公开市场数据的市场法（见表3-2）。指标类一般是指监管部门在充分理解系统重要性机构的核心特征的基础上，设定若干项指标来界定其范围。市场法是基于市场公开数据，根据风险管理模型，从单个金融公司对整个金融系统的风险溢出度或者敏感度的角度来评估系统重要性机构。

表 3 – 2　　　　　　　　　　指标法和市场法比较

方法	指标法	市场法
优点	按照指标权重直接计算,简单便捷	采用高频数据,数据易得
缺点	指标权重的设置基于主观经验,指标类型复杂多样,数据搜集困难,数据可信度低	评估的技术含量较高,局限于上市公司、指标不稳定

自 2008 年全球金融危机后,国际货币基金组织(IMF)开发了四种评估系统性风险的模型,主要包括:网络模型、共同风险模型、危机依存度矩阵模型和违约强度模型。自 2010 年以来,国际保险监督官协会(IAIS)致力于构建系统重要性保险机构评估指标体系,并且在 2013 年发布了一批全球系统重要性保险机构(G – SIIs)名单。目前,国外研究者已经开始建立市场模型对影响保险机构系统重要性的因素进行筛选,尤其是对国际保险监督官协会推崇的全球系统重要性保险机构评估指标进行实证检验。而国内研究者则处于试图在全球系统重要性保险机构评估指标体系的基础上,构建符合我国国情的国内系统重要性保险机构(D – SIIs)评估指标体系的阶段。所以,指标法对于我国的系统重要性机构评估的适用性还较低。公开市场数据主要是市场的资产收益率数据,这是一种高频数据,是市场状况的客观指标之一。当市场持续走低时,金融机构持有的股票资产会贬值,金融系统面临整体资产贬值的风险,而这种市场收益下行的态势就是金融系统处于系统性危机的表现。于是,使用公开市场数据评估系统性风险和系统重要性机构能够客观反映实际的系统性风险情况,相比较人为主观经验确定的指标法更具有可靠性。

第二节　MES 方法和 ΔCoVaR 方法的理论比较

通过总结系统性风险评估的方法可知,基于公开市场数据的方法比较有效,而且易于获取,并且能够从"空间"和"时间"两个维度对系统性风险进行评估。所以本书基于公开市场数据方法中的代表"自上而下"分配思路的 MES 方法和代表"自下而上"贡献思路的 ΔCoVaR 方法来作为评估我国上市保险公司系统性风险的方法。接下来将从理论上对 MES 方法和 ΔCoVaR 方法进行比较，说明选择它们作为我国上市保险公司系统性风险评估方法的原因。

一、基本假设

对 MES 方法和 ΔCoVaR 方法进行理论比较，要先有一个基本假设，即金融系统由 N 家金融机构组成，金融机构 i 在 t 时刻的收益率为 $R_{i,t}$，用 $w_{i,t}$ 来表示机构 i 在 t 时刻的市场份额；金融系统在 t 时刻的市场收益率为 $R_{m,t}$。在基本假设下，进一步定义在 t 时刻市场收益率 $R_{i,t}$ 和机构 i 的收益率 $R_{m,t}$ 的关系为：

$$R_{m,t} = \sum_{i=1}^{N} w_{i,t} R_{i,t} \tag{3.1}$$

该基本假设将金融系统拆分成为由多个互相独立的金融机构组成的集合，从而可以从条件概率模型和条件期望模型的角度出发，构建 MES 方法和 ΔCoVaR 方法的理论模型。根据基本假设，可以初步构建 MES 方法和 ΔCoVaR 方法的理论模型，如下所示：

（一）条件期望边际损失（MES）方法的理论模型

条件期望边际损失的概念是由 Acharya 等（2010）提出的，他们先将系统的条件期望损失（ES）定义为：

$$ES_{m,t-1} = E_{T-1}(R_{m,t} \mid R_{m,t} < C) = \sum_{i=1}^{N} w_{i,t} E_{i,t}(R_{i,t} \mid R_{m,t} < C) \tag{3.2}$$

然后，在此基础上，定义单个金融机构 i，在 t 时刻的边际期望损失为条件期望损失的偏导数：

$$MES_{i,t-1} = \frac{\partial ES_{m,t-1}}{\partial w_{i,t}} = E_{i,t}(R_{i,t} \mid R_{m,t} < C) \tag{3.3}$$

其中，C 是根据市场收益率的分布决定的系统性风险临界值，等于 $VaR_{m,t}^q$，即市场收益率分布在 1 − α 的置信水平下的 q 分位数。

(二) 条件在险价值溢出度 (ΔCoVaR) 方法的理论模型

条件在险价值的概念是由艾德里安和布伦纳迈尔（Adrian and Brunnermeier, 2011）提出的。单个金融市场在金融机构 i 处于财务困境状态条件下的在险价值（VaR）情况为：

$$VaR_{i,t} = Pr(R_{i,t} \leq VaR_{i,t}^q) = q \tag{3.4}$$

$$CoVaR_{i,t} = Pr(R_{m,t} \leq CoVaR_{i,t}^q \mid R_{i,t} = VaR_{i,t}^q) = q \tag{3.5}$$

而条件在险价值溢出度（ΔCoVaR）是市场在金融机构 i 处于财务困境状态和平均状态时的条件在险价值（CoVaR）之差，即：

$$\Delta CoVaR_{i,t} = CoVaR_{i,t}^q - CoVaR_{i,t}^{0.5} \tag{3.6}$$

二、理论比较的统一分析框架

接下来，本书要基于布朗利和恩格尔（Brownlees and Engle, 2011）建立的统一分析框架，来推导这两类方法具体的模型表达式，统一分析框架为：

$$R_{m,t} = \delta_{m,t}\varepsilon_{m,t}$$

$$R_{i,t} = \delta_{i,t}\varepsilon_{i,t} = \delta_{i,t}\rho_{i,t}\varepsilon_{m,t} + \delta_{i,t}\sqrt{1-\rho_{i,t}^2}\xi_{i,t}$$

$$v_t \triangleq (\varepsilon_{m,t}, \xi_{i,t}) \sim F \tag{3.7}$$

其中，$\delta_{m,t}$ 和 $\delta_{i,t}$ 分别是市场收益率和金融机构 i 收益率的在 t 时刻的动态波动率。$\varepsilon_{m,t}$ 和 $\varepsilon_{i,t}$ ($\xi_{i,t}$) 分别是市场收益率和金融机构 i 收益率在 t 时刻的动态波动率的估计残差。$\rho_{i,t}$ 是市场收益率和金融机构 i 收益率在 t 时刻的动态相关系数。$\{v_t\}$ 是一个独立同分布的白噪声序列集合，有 $E(v_t)=0$，$Var(v_t)=I$，$Cov(v_i,v_j)=0$ ($i,j \in T$, $i \neq j$)，二元分布 F 未知。

该统一分析框架将收益率拆分成两部分，一部分是收益率随时间动态变化的幅度，即动态波动率，反映收益率的分布特征；另一部分是动态波动率随时间动态变化的幅度，即动态波动率的估计残差，反映波动率的分布特征。并且将市场收益率和金融机构 i 收益率在 t 时刻的关系用动态相关系数线性表示。

三、理论比较的具体分析过程

在前述的基本假设和统一分析框架下，现对 MES 方法和 ΔCoVaR 方法进行理论比较。

首先，理论比较要分两种情况进行。第一种情况是只在理论上成立的情况，即假设市场收益率和金融机构 i 收益率在 t 时刻的动态波动率的估计残差 $\varepsilon_{m,t}$ 和 $\varepsilon_{i,t}$ 仅存在线性关系。此时，市场收益率与其在金融机构 i 收益率上的线性相关系数成比例，即动态相关系数 $\rho_{i,t}$ 能够完全捕捉市场收益率和金融机构 i 收益率之间的关系。第二种情况是现实中存在的情况，即残差 $\varepsilon_{m,t}$ 和 $\varepsilon_{i,t}$ 之间不仅仅存在线性关系。有研究经验表明，只有在第一种情况下，才能对 MES 方法和 ΔCoVaR 方法进行理论比较。

综上所述，本书的理论比较在第一种情况下进行，并且补充假设条件：$E(\varepsilon_{m,t}) = E(\varepsilon_{i,t}) = 0$ 和 $Var(\varepsilon_{m,t}) = Var(\varepsilon_{i,t}) = 1$，即市场收益率和金融机构 i 收益率的动态波动率的估计残差 $\varepsilon_{m,t}$ 和 $\varepsilon_{i,t}$ 相互独立且服从标准正态分布。接下来，本书借鉴赵文进等（2013）的理论比较步骤对这两类方法进行具体的理论比较。

（一）推导 MES 方法的理论模型

根据阿查里雅（2010）的理论，基于统一分析框架可以将 MES 方法的理论模型展开为：

$$\begin{aligned}
MES_{i,t} &= \frac{\partial ES_{m,t}}{\partial w_{i,t}} \\
&= E_{i,t}(R_{i,t} \mid R_{m,t} < C) \\
&= E_{i,t}(\delta_{i,t}\varepsilon_{i,t} \mid \delta_{m,t}\varepsilon_{m,t} < C) \\
&= E_{i,t}(\delta_{i,t}\varepsilon_{m,t}\rho_{i,t} + \delta_{i,t}\sqrt{1-\rho_{i,t}^2}\xi_{i,t} \mid \delta_{m,t}\varepsilon_{m,t} < C) \\
&= E_{i,t}(\delta_{i,t}\varepsilon_{m,t}\rho_{i,t} \mid \delta_{m,t}\varepsilon_{m,t} < C) + E_{i,t}(\delta_{i,t}\sqrt{1-\rho_{i,t}^2}\xi_{i,t} \mid \delta_{m,t}\varepsilon_{m,t} < C) \\
&= \delta_{i,t}\rho_{i,t}E_{i,t}(\varepsilon_{m,t} \mid \delta_{m,t}\varepsilon_{m,t} < C) + \delta_{i,t}\sqrt{1-\rho_{i,t}^2}E_{i,t}(\xi_{i,t} \mid \delta_{m,t}\varepsilon_{m,t} < C) \quad (3.8)
\end{aligned}$$

又因为在第一种情况下，市场收益率和金融机构 i 收益率在 t 时刻的动态波动率的估计残差 $\varepsilon_{m,t}$ 和 $\varepsilon_{i,t}$ 仅存在线性关系，所以 $E_{i,t}(\xi_{i,t} \mid \delta_{m,t}\varepsilon_{m,t} < C) = 0$，MES 的理论模型可以表示为金融机构 i 收益率的动态波动率 $\delta_{i,t}$，它与市场收益率的动态相关系数 $\rho_{i,t}$、市场收益率分布的尾部期望 $E_{i,t}$ 的函数为：

$$MES_{i,t} = \delta_{i,t}\rho_{i,t}E_{i,t}(\varepsilon_{m,t} \mid \delta_{m,t}\varepsilon_{m,t} < C)$$

$$= \rho_{i,t}\frac{\delta_{i,t}}{\delta_{m,t}}E_{i,t}\left(\varepsilon_{m,t} \mid \varepsilon_{m,t} < \frac{C}{\delta_{m,t}}\right) \quad (3.9)$$

根据资本资产定价理论（CAPM），金融机构 i 的收益率，即证券价格是由无风险利率和风险溢价组成的，而风险溢价是市场收益率均值和无风险利率的一定比例，而这一比例就是 Beta 值。风险溢价反映的就是金融系统状态和市场收益率变动对于金融机构 i 的影响，Beta 值相当于系统性风险系数。所以 $\beta_{i,t} = \frac{Cov(R_{m,t}, R_{i,t})}{Var(R_{m,t})} = \rho_{i,t}\frac{\delta_{i,t}}{\delta_{m,t}}$，则 MES 的理论模型可以进一步地表示为市场收益率的条件期望损失与金融机构 i 的 Beta 值的乘积，即：

$$MES_{i,t} = \beta_{i,t}E_{i,t}\left(\varepsilon_{m,t} \mid \varepsilon_{m,t} < \frac{C}{\delta_{m,t}}\right) \quad (3.10)$$

最后推导得到的理论模型的结构表明，当市场收益率处于财务困境状态下，即处于市场收益率分布的左尾时，金融机构 i 收益率分布的边际预期损失（MES）值与 Beta 值度量的系统性风险成比例，比例系数为市场收益率分布的尾部期望值。金融机构 i 收益率对市场收益率变动的反应越敏感，即 Beta 值越大，则 MES 值度量的该机构的系统性风险敏感度越大。

（二）推导 ΔCoVaR 方法的理论模型

根据艾德里安和布伦纳迈尔（2011）的理论，基于统一分析框架，ΔCoVaR 方法的理论模型为：

$$\hat{R}_{m,t} = \hat{\partial}_q + \hat{\gamma}_q R_{i,t}$$

$$\Rightarrow \delta_{m,t}\varepsilon_{m,t} = \hat{\partial}_q + \hat{\gamma}_q \delta_{i,t}\varepsilon_{i,t} \quad (3.11)$$

$$\Rightarrow \hat{\gamma}_q = \rho_{i,t}\frac{\delta_{m,t}}{\delta_{i,t}}$$

其中，$\gamma_{i,t} = \frac{R_{m,t}}{R_{i,t}} = \rho_{i,t}\frac{\delta_{m,t}}{\delta_{i,t}}$ 相当于市场收益率在金融机构 i 收益率上的线性投

影系数。再根据在险价值（VaR）和条件在险价值（CoVaR）的关系，即当 $R_{i,t} = VaR_{i,t}^q$ 时，可以将式（3.11）表达成：

$$CoVaR_{i,t}^q = \hat{\partial}_q + \hat{\gamma}_{i,t} VaR_{i,t}^q \quad (3.12)$$

由于金融机构 i 对市场的系统性风险溢出度的表达式为：

$$\Delta CoVaR_{i,t} = CoVaR_{i,t}^q - CoVaR_{i,t}^{0.5} \quad (3.13)$$

所以，金融机构 i 的系统性风险溢出度也可以表示为金融机构 i 收益率的动态波动率、它与市场收益率的相关系数、金融机构 i 收益率分布在 $1-\alpha$ 置信水平下的 q 分位数的函数，即：

$$\Delta CoVaR_{i,t} = \gamma_{i,t}(VaR_{i,t}^q(\alpha) - VaR_{i,t}^{0.5}) \quad (3.14)$$

最后推导得到的理论模型的结构表明，如果金融机构 i 收益率和市场收益率相互独立，$\Delta CoVaR_{i,t}$ 则为零；如果金融机构 i 收益率和市场收益率完全正相关，$\Delta CoVaR_{i,t}$ 则为正值；如果金融机构 i 收益率和市场收益率完全负相关，$\Delta CoVaR_{i,t}$ 则为负值。金融机构 i 的在险价值越大，其对金融系统性风险的溢出度越大，且溢出效应的作用方向受相关系数的符号影响。

（三）分析 MES 方法和 ΔCoVaR 方法的理论模型关系

为了方便两类方法的比较，假设市场收益率分布处于极端情况的临界值 C 等于市场收益率分布在 $1-\alpha$ 置信水平下的 q 分位数 $[VaR_{m,t}^q(\alpha)]$。现将两种方法的理论模型做比值处理，得到如下表达式：

$$\frac{\Delta CoVaR_{i,t}(\alpha)}{MES_{i,t}(\alpha)} = \frac{VaR_{i,t}(\alpha) - VaR_{i,t}(0.5)}{\sigma_{i,t}^2} \times \frac{\sigma_{m,t}^2}{ES_{m,t}(\alpha)}$$

$$= \frac{VaR_{i,t}(\alpha)}{\sigma_{i,t}^2} \times \frac{\sigma_{m,t}^2}{ES_{m,t}(\alpha)} = \frac{F_i^{-1}(\alpha)}{\sigma_{i,t}^2} \times \frac{\sigma_{m,t}^2}{ES_{m,t}(\alpha)} \quad (3.15)$$

其中，$F_i^{-1}(\alpha)$ 是金融机构 i 的未知分布 F 的 $1-\alpha$ 置信水平下的 q 分位数。

由此表达式可以看出，这两类方法的比值可以拆分为两项之积，第一项与金融机构 i 收益率相关，第二项与市场收益率相关。所以，对于不同的金融机构，其根据两类方法评估的系统性风险大小差异只取决于金融机构收益率的动态波动系数和在险价值的大小。

四、MES 方法和 ΔCoVaR 方法的理论模型比较

MES 方法的理论模型是基于金融机构 i 的 Beta 值,即金融机构 i 收益率在市场收益率上的线性相关系数,反映了机构收益对市场收益变动的敏感度。ΔCoVaR 方法的理论模型是基于市场收益率在金融机构 i 收益率上的线性投影系数,反映了机构收益变动对市场收益变动的溢出度。由此可见,MES 方法和 ΔCoVaR 方法分别代表"自上而下"的分配思路和"自下而上"的贡献思路。接下来,比较在两种不同思路引导下,MES 方法和 ΔCoVaR 方法的理论模型在实际应用中各自的优劣,进一步地说明选取这两种方法进行我国上市保险公司系统性风险评估的原因。这两类方法的比较结果如表 3-3 所示。

表 3-3　　　　　　MES 和 ΔCoVaR 方法理论模型比较

模型	MES 方法理论模型	ΔCoVaR 方法理论模型
优点	考虑机构收益率在市场收益率分布临界值以外的损失分布情况,具有可加性。服从"自上而下"的分配思路,体现宏观审慎的顺周期监管要求	考虑到机构收益率的真实分布情况、系统杠杆率水平、久期匹配情况。服从"自下而上"的贡献思路,体现宏观审慎的"空间"维度监管要求
缺点	没有考虑到机构的杠杆率、规模以及法定资本充足率等因素,不体现系统重要性机构的规模、可替代性等特征	只能够度量机构在市场收益率分布临界值处的损失,不能反映临界值以外,特别是市场收益率分布左尾以外的损失,还不具备可加性

除了表 3-3 中列出的两类方法各自具有的缺点,还存在两类方法共同的短板,即系统性风险溢出度和系统性风险敏感度都只是相对量,不是绝对量,受机构和市场双方的影响,还要随时间的变化而进行动态调整。

通过比较可知选取 MES 方法和 ΔCoVaR 方法来进行我国上市保险公司系统性风险评估的原因。首先,MES 方法和 ΔCoVaR 方法代表了评估金融机构系统性风险的两种思路,可以为当前的系统性风险监管框架建设提供"自上而下"和"自下而上"两种监管视角。其次,这两类方法的优点和缺点可以相互补充,

评估结果可以结合起来分析，结合使用符合微观审慎监管和宏观审慎监管相结合运用的理念，从而全面地评估单个金融机构的系统性风险情况，为系统性风险监管工具的选择提供可靠的实证经验。最重要的是，国内外研究者对这两类方法的理论模型的研究较多，基本假设和分析框架经得起推敲，估计这两类模型的方法多样，方便实证研究。

五、MES 方法和 ΔCoVaR 方法的理论模型估计方法介绍

首先，这两类方法的理论模型都是在收益率动态波动率的估计残差服从标准正态分布的假设下建立的。在实际情况中，收益率动态波动率的估计残差并不符合标准正态分布。所以，为了保证模型估计有效性，模型估计方法都基于布朗利和恩格尔（2011）建立的统一分析框架，并且假设收益率动态波动率的估计残差分布服从标准正态分布。

其次，MES 方法和 ΔCoVaR 方法的理论模型都可以表示成金融机构收益率的动态波动率、金融机构收益率与市场收益率的动态相关系数、收益率分布三者的函数。所以，模型估计主要是估计这三者的值。

（一）估计动态波动率和动态相关系数的方法

因为 MES 方法和 ΔCoVaR 方法都是基于公开市场数据的简约化市场方法，所以模型估计所使用的数据是公开市场数据，即收益率数据。而收益率数据是金融时间序列数据，其动态波动率和动态相关系数也是金融时间序列数据，符合金融时间序列数据的随机和时变的特征，可以使用金融时间序列模型来估计。典型的金融时间序列模型有 AR、ARMA、ARCH、GARCH 等，具体选用哪种来作为动态波动率和动态相关系数的估计模型，需要根据样本数据的特征来确定。

本书采用的是 DCC - GARCH 模型。首先，GARCH 模型比一般的多元线性回归模型多了对估计残差建模的步骤，适用于与波动性相关的分析。其次，DCC 模型可以评估"时间"维度上的系统性风险关联状况，且效果要优于滚动窗口方法。DCC - GARCH 方法还可以预测未来一段时间内的系统性风险情况，不局限于单期系统性风险情况的预测。综合来看，DCC - GARCH 模型可以从"时

间"和"空间"两个维度对系统性风险情况进行评估,符合宏观审慎的要求。

(二) 估计与收益率分布相关的统计量的方法

1. 市场收益率分布的尾部期望 $E_{i,t}$ 的估计方法

由于系统性风险事件的临界值 C 与市场收益率分布相关。为了易于模型估计,本书假设市场收益率处于极端情况的临界值 C 和市场收益率分布在 $1-\alpha$ 置信水平下的 q 分位数 [即在险价值 $VaR_{m,t}^q(\alpha)$] 相等。

市场收益率分布的尾部条件期望的估计方法有两种。一种是采用非参数核估计的方法估计得到;另一种是将处于临界值 C 之下的收益率的动态波动率的估计残差直接求均值作为其尾部条件期望。为了易于模型估计,本书采用第二种方法,将处于临界值之下的估计残差序列均值作为尾部条件期望的估计值。

2. 金融机构收益率分布的在险价值 $VaR_{i,t}^q(\alpha)$ 的估计方法

金融机构 i 的收益率分布在险价值的估计,可以基于 GARCH 模型求得金融机构 i 的在险价值,计算公式如下:

$$VaR_{i,t}^q(\alpha) = \hat{R}_{i,t} + Q(q)\hat{\sigma}_{i,t} \tag{3.16}$$

其中,$\hat{R}_{i,t}$ 是根据 GARCH 模型进行一期预测得到的收益率均值,$\hat{\sigma}_{i,t}$ 是根据 GARCH 模型计算得到的动态波动率序列。根据中心极限定理,$Q(q)$ 是标准正态分布中的 q 分位点,通常采用 5% 分位数(取 $q=0.05$)。在 5% 的置信水平下,$Q(0.05) = -1.645$;而在 50% 的置信水平下,$Q(0.5) = 0$。

第四章
我国上市保险公司系统性风险评估的实证分析

第一节 数据筛选及描述性统计分析

一、数据筛选

（一）单个上市保险公司的样本数据筛选

因为采用的实证分析方法是基于公开市场数据的 MES 方法和 ΔCoVaR 方法，所以本书选取我国 A 股上市保险公司作为研究对象，以我国上市保险公司的 A 股每日收益率数据为样本数据。研究的时间跨度为 2008 年 1 月 2 日到 2018 年 11 月 22 日，选择从 2008 年开始的原因是：由 2007 年美国次贷危机引发的全球金融危机在 2008 年才具体影响到我国金融业；选择从 2008 年到 2018 年整十年数据的原因是：要考察全球金融危机以来我国保险业系统性风险的动态变化情况，需要较长的考察期来确保评估结果的可靠性。

所选择的 A 股上市保险公司分别是中国人寿保险公司、中国平安保险集团、中国太平洋保险集团。选择这三家上市保险公司，一是因为这三家保险公司的规模较大，其占领的市场份额也很大；二是因为这三家保险公司的上市时间较早较长，都是在 2007 年上市，经历了 2008 年全球金融危机，能够为本书的研究提供充足的样本数据。

由于节假日和临时休市等原因，上市保险公司的日收盘价数据是有间断且间断点不同的。将三家保险公司从 2008 年 1 月 2 日到 2018 年 11 月 22 日的 2 571 个共同交易日的日收盘价数据筛选出来，再运用对数一阶差分法求得各保险公司的日收益率数据。设第 i 家上市保险公司在 t 日的收盘价为 $P_{i,t}$，收益率为 $R_{i,t}$，计算公式如下所示：

$$R_{i,t} = \ln(P_{i,t}) - \ln(P_{i,t-1}) \tag{4.1}$$

其中，每日收盘价数据来源于网易财经网站的股票交易数据库，每日收盘价数据是无复权的,即除息除权后的每日收盘价。

实证过程中所使用到的计量软件主要是 R 语言,所使用到的工具包主要是 fGarch 包和 ccgarch 包;筛选数据过程中所使用到的数据处理软件主要是 Excel 和 Clementine 12.0。

(二) 整个保险市场的样本数据筛选

整个保险市场的样本数据选取的是我国保险市场日收益率数据。系统性风险评估的基础假设:设系统包含 N 家金融机构,机构 i 在 t 时刻的收益率为 $R_{i,t}$,用 $w_{i,t}$ 表示机构 i 在 t 时刻的市场份额,市场在 t 时刻的市场收益率用 $R_{m,t}$ 表示,则市场收益率等于各机构收益率按照市场份额加权的加权平均数:

$$R_{m,t} = \sum_{i=1}^{N} w_{i,t} R_{i,t} \quad (4.2)$$

由于资产规模是保险市场系统性风险的基本特征之一,且资产规模是动态时变的因素,所以本书将所选取在 A 股上市的三家保险公司于 2008 年 1 月 2 日到 2018 年 11 月 22 日期间的日收益率数据,根据其公司资产规模权重计算加权平均数,得到我国保险市场的日收益率数据样本。资产规模权重计算公式如下所示:

$$单个保险机构的资产规模权重 = \frac{单个保险机构总资产规模}{整个保险市场总资产规模} \quad (4.3)$$

其中,整个保险市场总资产规模,本书假设为三家上市保险公司的总资产规模的总和。由于资产规模是动态时变的,为了方便统计,本书选取 2007 年末到 2017 年末的资产规模均值作为市场总资产规模值。经计算,各上市保险公司的资产规模比重,如表 4-1 所示:

表 4-1　　　　　　　　　上市保险公司资产规模比重

上市保险公司	2017年	2016年	2015年	2014年	2013年	2012年	2011年	2010年	2009年	2008年	2007年	资产规模比(%)
中国人寿	2.90	2.70	2.45	2.25	1.97	1.90	1.58	1.41	1.23	0.99	0.89	38
中国太保	1.17	1.02	0.92	0.83	0.72	0.68	0.57	0.48	0.40	0.32	0.31	13
中国平安	6.49	5.58	4.77	4.01	3.36	2.84	2.29	1.17	0.94	0.71	0.65	49
保险市场	10.56	9.29	8.14	7.08	6.06	5.42	4.44	3.06	2.56	2.02	1.85	100

资料来源:作者根据各上市保险公司财务指标表(2007~2017 年)整理。

二、描述性统计分析

各上市保险公司收益率序列数据的基本统计特征,如表 4-2 所示。

表 4-2　　　　　各收益率序列描述性统计分析　　　　单位:%

上市保险公司	平均值	方差	最小值	最大值	峰度	偏度
保险市场	-0.000291	0.00074	-0.487	0.105	-2.18274	41.4454
中国人寿	-0.000378	0.00060	-0.118	0.097	0.16186	3.275
中国平安	-0.000202	0.00084	-0.791	0.095	-8.00917	217.741
中国太保	-0.000174	0.00064	-0.105	0.096	0.00698	2.130

第二节　数据稳健性检验

金融时间序列数据分析相关的研究表明,金融时间序列数据,特别是收益率数据往往具有"自相关性""分布尖峰厚尾""波动丛集""异方差性""残差正负冲击非对称"等特点。同时,要使用 DCC-GARCH 模型来分析收益率数据,必须要求收益率数据满足非随机性、平稳性、异方差性的分布特征,所以有必要在构建模型进行实证分析前对样本数据的分布特征进行检验,确保实证分析过程的稳健性。

一、各收益率序列数据的分布特征

根据表 4-2 中的峰度值和偏度值,可以看出各收益率序列的分布呈现"尖峰厚尾"的特征,不服从正态分布。再作各收益率序列数据的 Q-Q 图(见图 4-1),发现各收益率序列不符合服从正态分布的数据的 Q-Q 图特征。同时，各收益率序列 JB 检验的卡方统计量的值均大于临界值（见表 4-3），也证明各收益率序列数据不服从正态分布。

表 4-3　　　　　　　　各收益率序列 JB 检验结果

分类	卡方统计量	P 值	是否通过检验
中国人寿	1 163.8	<2.2e-16	通过
中国太保	487.93	<2.2e-16	通过
中国平安	5 114 400	<2.2e-16	通过
保险市场	186 360	<2.2e-16	通过

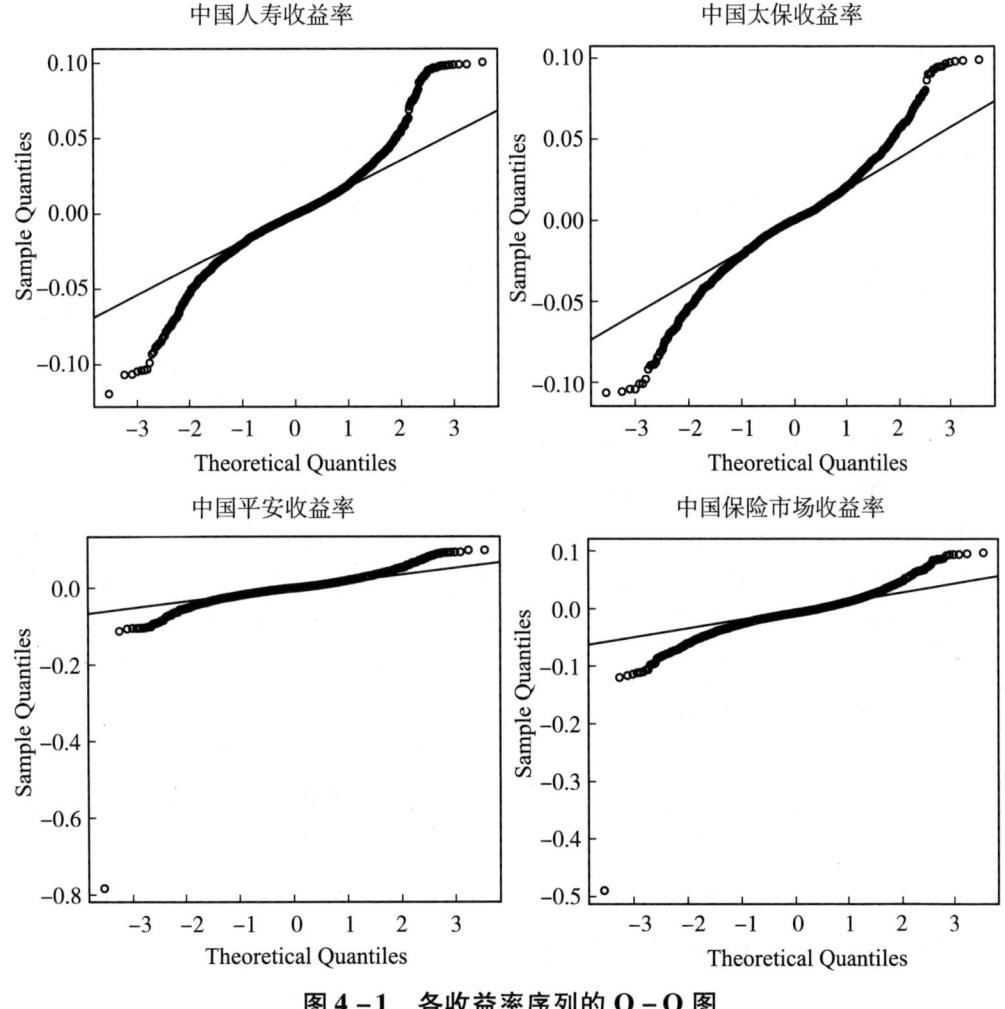

图 4-1　各收益率序列的 Q-Q 图

二、各收益率序列数据的特征检验

(一) 随机性检验

如果各收益率序列是纯随机时间序列,则不存在异方差性,实证无法进行,所以有必要对各收益率序列进行随机性检验(又称自相关性检验)。检验各收益率序列是否为纯随机时间序列要按滞后阶数逐次进行,一般检验到滞后12阶即可,因为靠前的滞后阶数存在异方差性,则靠后的滞后阶数也存在异方差性。具体检验结果如表4-4所示:

表4-4　　　　各收益率序列 Ljung-Box 检验结果　　　　单位:%

收益率 Lag	中国人寿收益率 LB值	P值	中国太保收益率 LB值	P值	中国平安收益率 LB值	P值	中国保险市场收益率 LB值	P值
1	0.10499	0.74592	0.00139	0.97025	2.04995	0.15221	0.23800	0.62566
2	0.71154	0.70063	1.56997	0.45613	3.63448	0.16247	0.89732	0.63848
3	4.12135	0.24866	5.04665	0.16841	3.68434	0.29763	1.75298	0.62522
4	6.95142	0.13848	9.84610	0.04310	5.66653	0.22547	5.52468	0.23757
5	13.35968	0.02023	14.13656	0.01476	7.39935	0.19259	10.18146	0.07025
6	19.63591	0.00321	19.36605	0.00359	10.0372	0.12309	14.94433	0.02069
7	20.31054	0.00494	20.28885	0.00498	12.6975	0.07983	17.82420	0.01279
8	20.32455	0.00918	20.39941	0.00893	13.6803	0.09049	18.54648	0.01748
9	20.98761	0.01271	21.73776	0.00975	14.2454	0.11386	20.00494	0.01788
10	20.99405	0.02114	21.76313	0.01636	15.136	0.12718	20.88563	0.02191
11	24.19692	0.01193	27.93461	0.00331	17.9672	0.08235	24.79830	0.00976
12	24.19743	0.01912	29.36709	0.00347	18.2937	0.10706	25.15933	0.01409
13	—	—	—	—	24.471	0.02706	27.92740	0.00926
14	—	—	—	—	34.4644	0.00176	38.09763	0.00050

根据P值是否小于0.05来判断是否拒绝原假设:收益率序列是纯随机序列。由表4-4中 Ljung-Box 检验结果可得,各收益率序列不是纯随机时间序列,即估计残差存在自相关性。其中,中国太保在滞后的第4期就开始存在自相关性,

中国人寿在滞后的第 5 期开始存在自相关性，中国平安在滞后的第 13 期才开始存在自相关性，中国保险市场在滞后的第 6 期开始存在自相关性。

（二）平稳性检验

运用 DCC – GARCH 模型要求收益率序列满足平稳性要求。检验收益率序列的平稳性，首先可以查看各收益率序列的时序图，如果时序图呈现为围绕均值上下不断波动的过程，则可以初步判断各序列是平稳的。各收益率序列的时序图如图 4 – 2 所示。

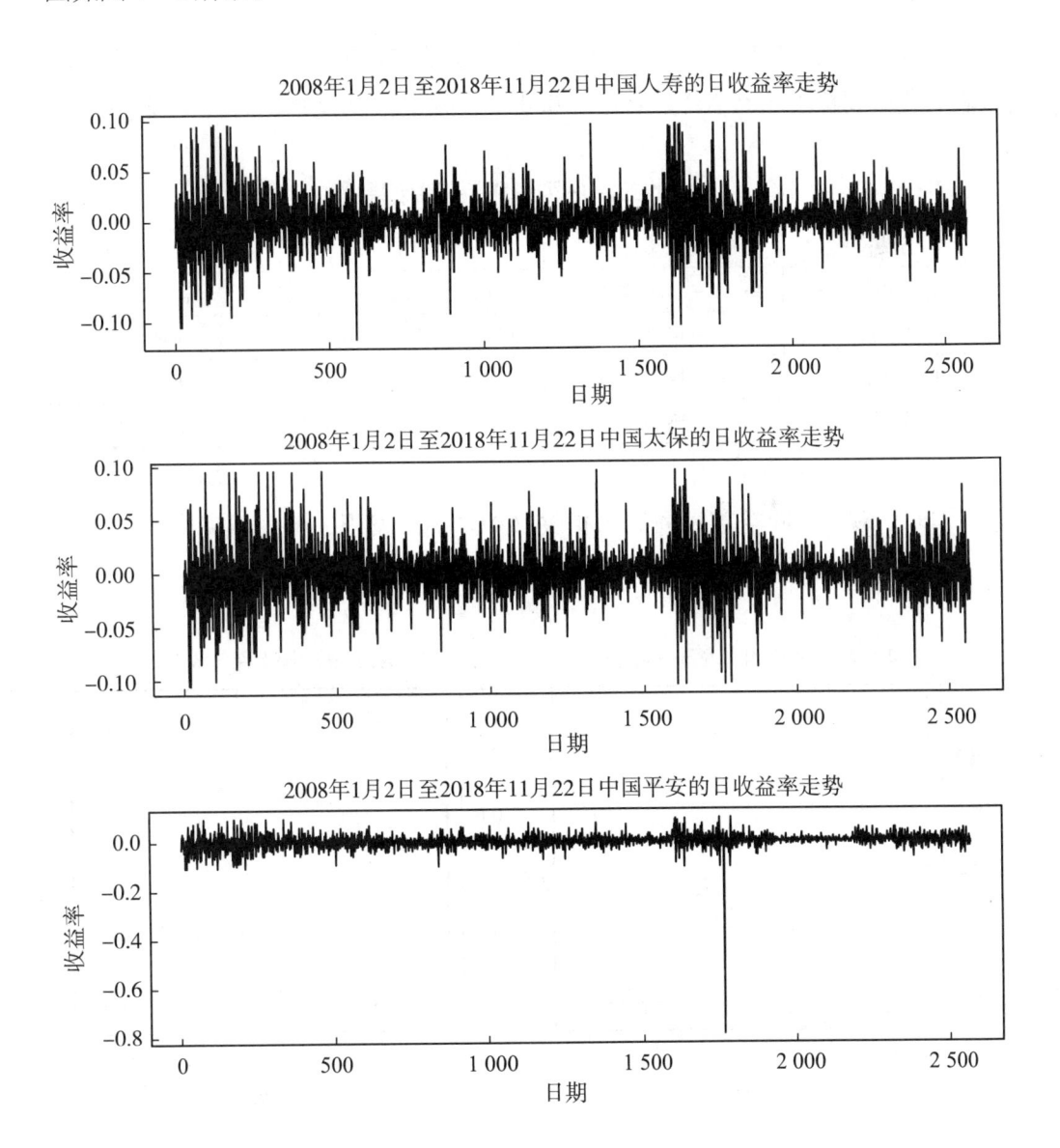

2008年1月2日至2018年11月22日中国人寿的日收益率走势

2008年1月2日至2018年11月22日中国太保的日收益率走势

2008年1月2日至2018年11月22日中国平安的日收益率走势

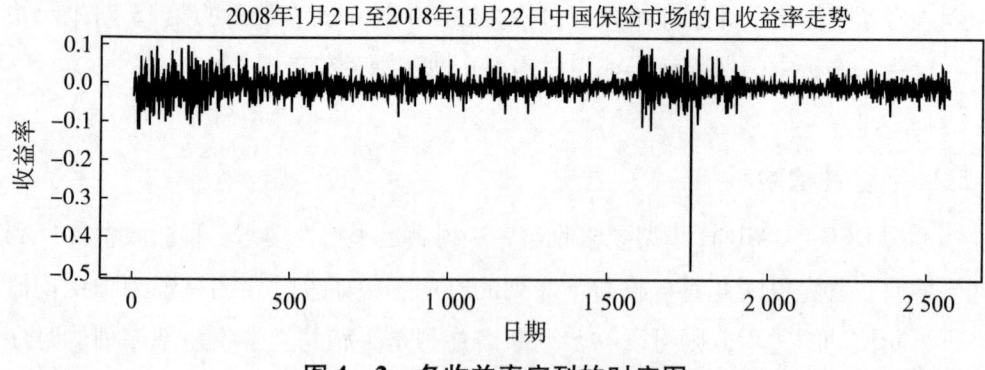

图 4-2　各收益率序列的时序图

其次，采用单位根检验法（ADF）来检验各收益率序列的平稳性，检验结果表明各序列检验的 P 值都显著小于 0.01，表明各序列是平稳的（见表 4-5）。

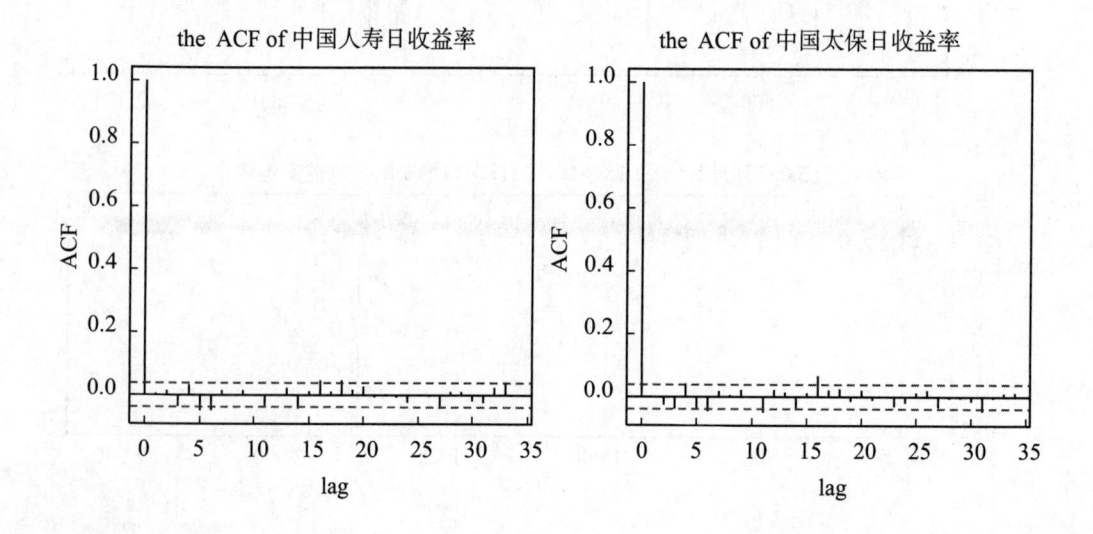

表 4-5　各收益率序列 ADF 检验结果

分类	单位根统计量	P 值	是否通过检验
保险市场	-14.032	0.01（<2.2e-16）	通过
中国人寿	-14.586	0.01（<2.2e-16）	通过
中国太保	-14.399	0.01（<2.2e-16）	通过
中国平安	-13.657	0.01（<2.2e-16）	通过

同时，观察各收益率序列的自相关（ACF）图发现，各收益率序列是平稳的，自相关图如图 4-3 所示。

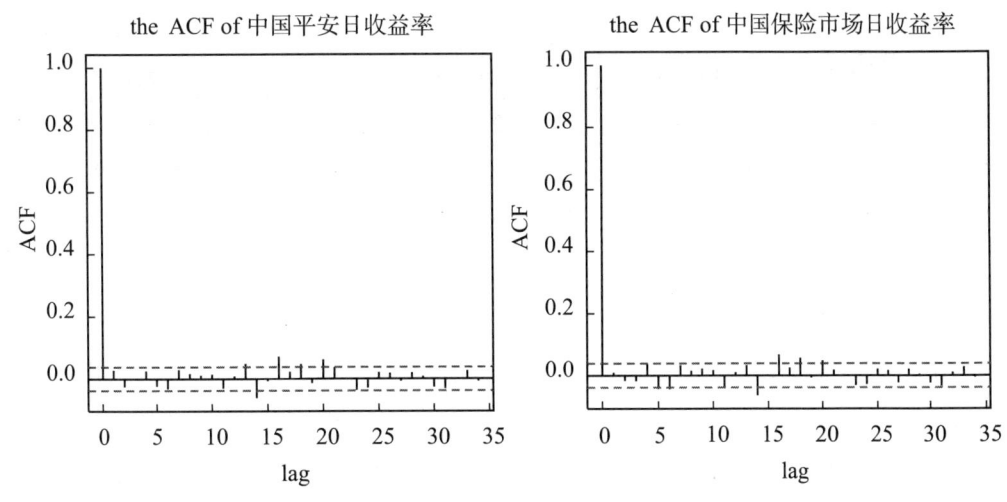

the ACF of 中国平安日收益率　　　　　the ACF of 中国保险市场日收益率

图4-3　各收益率序列ACF图

（三）异方差性检验

采用异方差效应（ARCH）检验来判断各收益率序列的移动自回归模型（ARMA）模型估计残差的异方差性存在与否。基本检验思路：在已知各收益率序列存在自相关性的条件下，构建ARMA模型对各序列进行回归，得到估计残差，然后对估计残差序列进行ARCH检验，检验过程要按滞后阶数逐次进行，一般检验到滞后12阶即可。具体检验结果，如表4-6所示。

表4-6　　各估计残差序列的异方差效应检验

分类	中国人寿		中国太保		中国平安		中国保险市场	
lag	LM值	P值	LM值	P值	LM值	P值	LM值	P值
1	35.62126	0.0	26.42965	0.0	0.000406266	0.9839189	0.004841115	0.9824459
2	65.08213	0.0	55.49172	0.0	0.000805578	0.9995973	0.0012184151	0.9994909
3	85.92951	0.0	74.75805	0.0	0.001217752	0.9999887	0.0015346886	0.999984
4	124.80818	0.0	103.42644	0.0	0.001630728	0.99999970	0.0020680676	0.999995
5	130.06419	0.0	104.65453	0.0	0.002043873	1	0.0026241425	1
6	132.23627	0.0	104.76561	0.0	0.002450395	1	0.0034724135	1
7	144.20743	0.0	104.79232	0.0	0.002865415	1	0.0036948362	1
8	147.34209	0.0	104.76564	0.0	0.003278612	1	0.0042505493	1
9	147.70971	0.0	105.01374	0.0	0.003690652	1	0.0048150132	1

续表

分类	中国人寿		中国太保		中国平安		中国保险市场	
lag	LM 值	P 值	LM 值	P 值	LM 值	P 值	LM 值	P 值
10	149.72181	0.0	105.43605	0.0	0.004075991	1	0.0049959098	1
11	157.57024	0.0	110.15454	0.0	0.004492754	1	0.0055289440	1
12	157.80834	0.0	110.10197	0.0	0.004887209	1	0.0058856150	1

由表4-6中的检验结果可知，中国人寿和中国太保收益率序列的ARMA模型估计残差的异方差检验的P值小于0.05，拒绝原假设，即在5%的显著性水平上，中国人寿和中国太保的收益率序列代入各自根据赤池信息准则（AIC）匹配的最佳ARMA模型得到的残差序列也存在异方差性。中国平安和中国保险市场收益率序列ARMA模型估计残差的异方差检验的P值大于0.05，接受原假设，由此无法得出在5%的显著性水平上，中国平安和中国保险市场的收益率序列代入各自根据赤池信息准则（AIC）匹配的最佳ARMA模型得到的残差序列存在异方差性。

此外，对各收益率序列的ARMA模型估计残差绘制时序图（如图4-4所示），发现时序图反映出估计残差具有平稳性特征，随时间波动，波动幅度较大，可能存在异方差性。更重要的是，通过了异方差检验的中国人寿和中国太保的收益率序列的ARMA模型估计残差的时序图和没通过异方差检验的中国平安和中国保险市场的收益率序列的ARMA模型估计残差的时序图的走势大致相同。综上所述，本书认为中国平安和中国保险市场收益率序列的ARMA模型估计残差序列也可能存在异方差性，可以运用DCC-GRACH模型进行MES方法和ΔCoVaR方法的理论模型估计。

第三节　系统性风险评估实证过程

现基于MES方法和ΔCoVaR方法，运用DCC-GARCH模型对我国保险业内在A股上市的中国人寿保险公司、中国太平洋保险集团、中国平安保险集团

图 4-4 各估计残差序列的时序

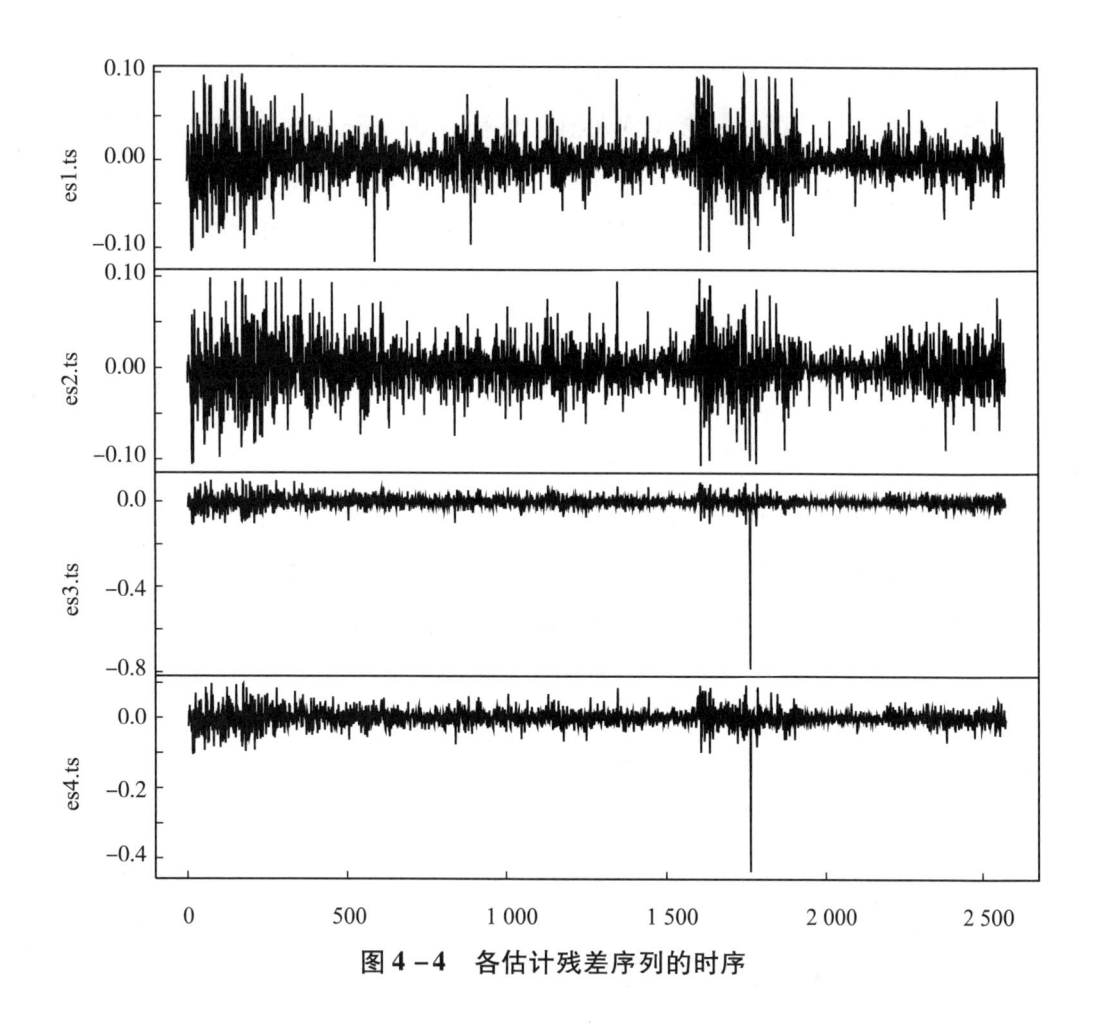

的系统性风险情况进行评估。运用 DCC-GARCH 模型进行实证分析的步骤分为五步，第一步是根据赤池信息准则（AIC）选出最佳匹配度的 ARMA（p, q）模型估计出三家上市保险公司收益率序列的残差；第二步是用 ARMA（p, q）模型估计得到的残差再经由 GARCH（1, 1）模型估计得到三家上市保险公司的动态波动率及其估计残差；第三步是将动态波动率的估计残差标准化，代入 DCC 模型估计得到三家上市保险公司的动态相关系数；第四步是计算中国保险市场收益率分布的尾部条件期望值；最后一步是将前面估计得到的所有参数值，代入 MES 方法和 ΔCoVaR 方法的理论模型计算 MES 值和 ΔCoVaR 值。

为了便于记号，分别记中国人寿、中国太保、中国平安和中国保险市场的股票收益率序列为序列 1~4。根据本章第二节绘制的序列 1~4 的时序图，序列 1~4 的走势趋同且平稳（见图 4-2）。于是选取序列 1 作为研究对象，首先确定 ARMA 过程的阶数，再估计得到收益率序列 1 的残差；其次确定 GARCH 模型的阶数，在估计得到序列 1 的 ARMA 模型残差的动态波动率；再次通过 DCC 模型估计得到序列 1 和序列 4（中国保险市场收益率）的动态相关系数；最后根据 MES 方法和 ΔCoVaR 方法的理论模型计算 MES 值和 ΔCoVaR 值。序列 2 和序列 3、序列 4 的分析过程大致类似，本书只给出估计的结果。接下来按照上述步骤进行实证分析。

首先，对于收益率序列 $\{R_{i,t}\}$，如果 $\{R_{i,t}\}$ 满足 (p, q) 阶的 ARMA 过程，则：

$$R_{i,t} = \mu_0 + \sum_{k=1}^{p} \varphi_k R_{i,t-1} + \sum_{j=0}^{q} \gamma_J \theta_{t-j} \tag{4.4}$$

其中，μ_0 是漂移项，p 是自回归（AR）项的阶数，q 是移动平均（MA）项的阶数。$\{\theta_t\}$ 是 $\{R_{i,t}\}$ 在 t 时刻的 ARMA 模型估计残差序列，如果 $\{\theta_t\}$ 满足 $\theta_t = \sigma_t \varepsilon_t$，其中，如果 $\{R_{i,t}\}$ 的动态波动率序列 $\{\sigma_t\}$ 满足：

$$\sigma_t^2 = \alpha_0 + \sum_{i=1}^{r} \alpha_i \varepsilon_{t-i}^2 + \sum_{j=1}^{s} \beta_j \sigma_{t-j}^2 \tag{4.5}$$

则称 $\{\sigma_t\}$ 满足 GARCH (r, s) 过程，相应地，$\{R_{i,t}\}$ 满足 ARMA (p, q) - GARCH (r, s) 过程，其中 $\{\varepsilon_t\}$ 是 $\{\theta_t\}$ 在 t 时刻的 GARCH 模型估计残差序列，且有 $E(\varepsilon_t) = 0$，$Var(\varepsilon_t | \varepsilon_{t-1}, \varepsilon_{t-2}, \cdots) = \sigma_t^2$，$Cov(\varepsilon_t, \varepsilon_s) = 0$，$t \neq s$。

由于序列 1~4 的 Ljung - Box 统计量的 P 值较小，拒绝原假设，即认为序列 1~4 都存在自相关性（见表 4-3），可以建立 ARMA 模型进行分析。根据赤池信息准则（AIC）和贝叶斯信息准则（BIC），AIC 和 BIC 的值越小，表明 ARMA 过程拟合的效果越好。根据赤池信息准则（AIC），ARMA (2, 2) 拟合序列 1 的效果最好[①]。用 ARMA (2, 2) 模型得到序列 1 的估计残差，绘制估计残差序列的时序图和自相关图，由图可以看出残差序列是平稳且存在自相关性的（见图 4-5）。

再对序列 1 的 ARMA (2, 2) 模型残差序列作 LM 检验，检验的结果拒绝了原假设，序列 1 的 ARMA (2, 2) 模型估计得到的残差序列存在异方差性（见表 4-5）。由此，可以用 GARCH (1, 1) 模型对残差序列进行拟合[②]。各收益

---

① 由于 ARMA 模型的滞后阶数越多（lag > 3），其拟合效果反而不好。所以本书将序列 1~4 的 ARMA 模型都设置为 ARMA (2, 2) 模型。
② GARCH (1, 1) 模型的滞后阶数虽然较少，但是能够较好地反映时间序列波动情况。

率序列的 ARMA + GARCH 模型的系数估计结果如表 4-7 所示。

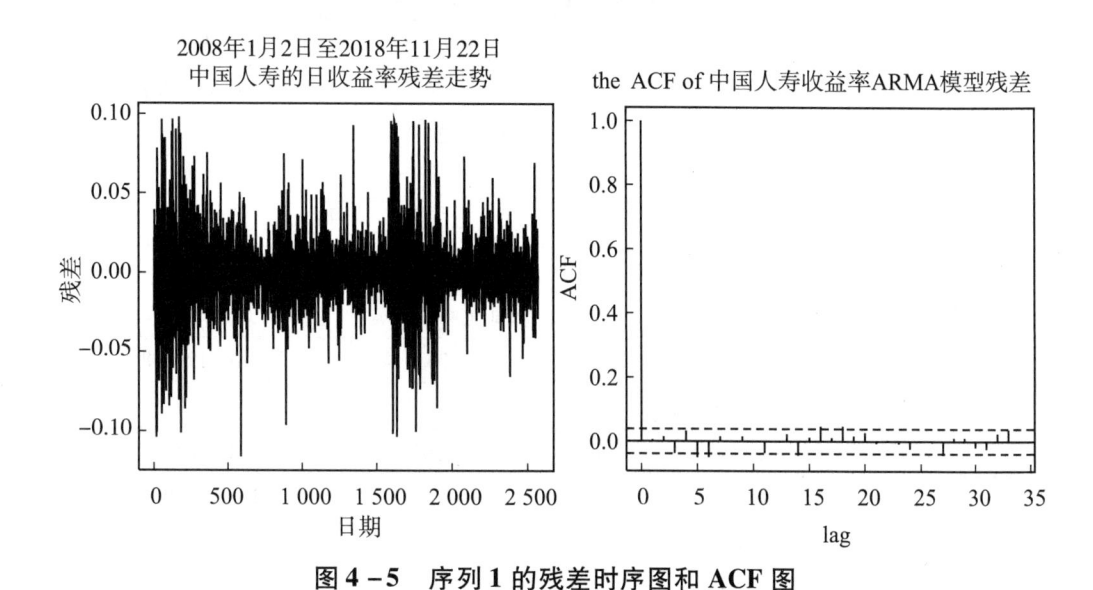

图 4-5 序列 1 的残差时序图和 ACF 图

表 4-7 各收益率序列模型估计系数列表

序列 1：中国人寿 ARMA + GARCH 模型参数估计值			
参数	估计值	P 值（> |t|）	LM Arch Test
μ	−5.545e−04	0.585145	7.007205
φ_1	−9.757e−01	3.31e−07 ***	JB Test
φ_2	−6.184e−01	0.002416 **	599.5798
γ_1	1.000e+00	1.10e−07 ***	Shapiro-wilk Test
γ_2	6.810e−01	0.000816 ***	0.9779733
α_0	6.045e−06	2.75e−05 ***	
α_1	5.965e−02	9.97e−14 ***	—
β_1	9.295e−01	<2e−16 ***	

序列 2：中国太保 ARMA + GARCH 模型参数估计值			
参数	估计值	P 值（> |t|）	LM Arch Test
μ	1.622e−04	0.80669	6.425557
φ_1	2.812e−01	0.62	JB Test
φ_2	−9.848e−01	0.68	186.8969
γ_1	−2.931e−01	NULL	Shapiro-wilk Test

续表

序列2：中国太保 ARMA + GARCH 模型参数估计值

参数	估计值	P值（>|t|）	LM Arch Test
γ_2	1.000e+00	<2e-16 ***	0.9876357
α_0	2.140e-06	0.00526 **	
α_1	4.245e-02	5.22e-13 ***	—
β_1	9.548e-01	<2e-16 ***	

序列3：中国平安 ARMA + GARCH 模型参数估计值

参数	估计值	P值（>|t|）	LM Arch Test
μ	9.720e-04	0.333	0.8129648
φ_1	-8.574e-01	<2e-16 ***	JB Test
φ_2	-9.624e-01	<2e-16 ***	194679.2
γ_1	8.826e-01	<2e-16 ***	Shapiro-wilk Test
γ_2	9.742e-01	<2e-16 ***	0.8978518
α_0	9.983e-07	0.054 .	
α_1	9.302e-02	<2e-16 ***	—
β_1	9.233e-01	<2e-16 ***	

序列4：中国保险市场 ARMA + GARCH 模型参数估计值

参数	估计值	P值（>|t|）	LM Arch Test
μ	4.717e-04	0.46670	2.512095
φ_1	1.236e-01	1.39e-08 ***	JB Test
φ_2	-9.700e-01	<2e-16 ***	11057.63
γ_1	-1.280e-01	1.39e-08 ***	Shapiro-wilk Test
γ_2	9.650e-01	<2e-16 ***	0.9534746
α_0	1.980e-06	0.00281 **	
α_1	6.218e-02	<2e-16 ***	—
β_1	9.392e-01	<2e-16 ***	

Signif. codes: 0 '***' 0.001 '**' 0.01 '*' 0.05 '.' 0.1

由表4-7可知，序列1经ARMA-GARCH模型估计得到的系数，除了漂移项μ外，其他各项系数都在0.001的显著性水平上显著，再根据GARCH（1,1）模型估计得到序列1的动态波动率。

其次，将序列1通过ARMA-GARCH模型估计得到的残差标准化，再代入

DCC 模型估计动态相关系数。绘制序列 1 与序列 4 的同步时序图，观察发现中国人寿收益率序列和中国保险市场收益率序列的走势是大致相同的，所以两者存在相关关系，可以计算其相关系数（见图 4 - 6）。

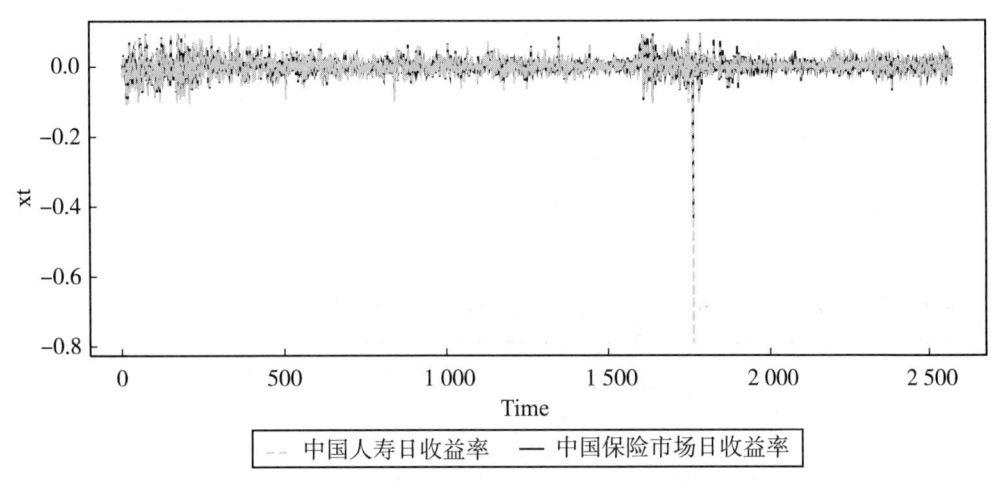

图 4 - 6　序列 1 与序列 4 的同步时序

使用固定窗口滚动法计算的市场收益率和机构收益率的相关系数为固定常数，不受时间的影响，评估结果具有滞后效应，无法满足在"时间"维度上度量系统性风险的要求。采用 DCC 模型估计得到的动态相关系数，可以反映各收益率序列动态波动率之间时变的相关程度，满足在"时间"维度上度量系统性风险的要求。

DCC 模型假设收益率序列 $\{R_{i,t}\}$ 和 $\{R_{m,t}\}$ 的动态波动率 $\sigma_{i,t}$ 和 $\sigma_{m,t}$ 的时变协方差矩阵为：

$$\operatorname{Var}_{t-1}\begin{pmatrix} R_{i,t} \\ R_{m,t} \end{pmatrix} = D_t P_t D_t = \begin{bmatrix} \sigma_{i,t} & 0 \\ 0 & \sigma_{m,t} \end{bmatrix} \begin{bmatrix} 1 & \rho_{i,t} \\ \rho_{i,t} & 1 \end{bmatrix} \begin{bmatrix} \sigma_{i,t} & 0 \\ 0 & \sigma_{m,t} \end{bmatrix} \qquad (4.6)$$

设 Q_t 是 $\{R_{i,t}\}$ 的 ARMA 模型的估计残差序列 $\{\theta_t\}$ 的指数加权移动平均过程，则有：

$$Q_t = (1 - \alpha - \beta) S + \alpha \theta_{t-1}^* \theta_{t-1}^* + \beta Q_{t-1} \qquad (4.7)$$

其中，$\theta_{t-1}^* = \operatorname{diag}(Q)^{1/2} \theta_{t-1}$，$S = E(\theta_{t-1}^*, \theta_{t-1}^*) = \dfrac{1}{T} \sum\limits_{t=1}^{T} \theta_{t-1}^* \theta_{t-1}^*$，只有当 $\alpha > 0$，$\beta > 0$，$\alpha + \beta > 1$ 时，S 为正定矩阵。再将 Q_t 正交化得到动态条件相关系

数矩阵 P_t, 如下:

$$P_t = \text{diag}(Q_t)^{1/2} Q_t \text{diag}(Q_t)^{-1/2} \quad (4.8)$$

用极大似然估计法可以估计出 S 矩阵的参数, 再求得 Q_t, 得到动态协方差矩阵 P_t, 然后由 DCC 模型估计得到 $\{R_{i,t}\}$ 和 $\{R_{m,t}\}$ 的动态相关系数。

接下来, 估计机构收益率序列 $\{R_{i,t}\}$ 的在险价值和市场收益率序列 $\{R_{m,t}\}$ 的尾部期望值。估计机构 i 收益率的 5% 在险价值和 50% 在险价值, 只需将 ARMA - GARCH 模型估计得到的动态波动率均值和收益率均值代入式 (4.16) 进行计算, 计算结果如表 4 - 8 所示。

表 4 - 8　　各收益率序列 5% 和 50% 显著性水平下的在险价值均值

序列	5% 显著性水平下的 VaR 均值	50% 显著性水平下的 VaR 均值
序列 1: 中国人寿	-0.001352372	-0.0003782964
序列 2: 中国太保	-0.001227551	-0.0001743661
序列 3: 中国平安	-0.001926802	-0.0002017065
序列 4: 中国保险市场	-0.001341347	-0.0002643626

估计市场收益率的尾部期望值, 第一步, 假设收益率动态波动率的估计残差服从标准正态分布。第二步, 当保险市场收益率处于危机状态 (q = 0.05) 时, 市场收益率的临界值 C 等于市场收益率的 5% 显著性水平下的在险价值均值, 由此可得 C = -0.001341347, $C/\overline{\sigma}_{m,t}$ = -2.048791 (取市场收益率的动态波动率均值作为 $\overline{\sigma}_{m,t}$)。第三步, 保险市场收益率动态波动率的估计残差分布的尾部期望为满足 $\varepsilon_{m,t} < C/\overline{\sigma}_{m,t}$ 条件的估计残差的均值, 经测算得到尾部期望值为 0.02022559。

基于上述估计结果, 可以计算得到序列 1 的 MES 值和 ΔCoVaR 值。同理, 按照上述步骤可以计算得到关于序列 2 ~ 4 的 MES 值和 ΔCoVaR 值。

一、动态波动率

运用前面模型估计的系数, 代入动态波动率的估计式 (4.5) 中, 可以求出各收益率序列的动态波动率，对各收益率序列的动态波动率作图如下（见图4-7）。

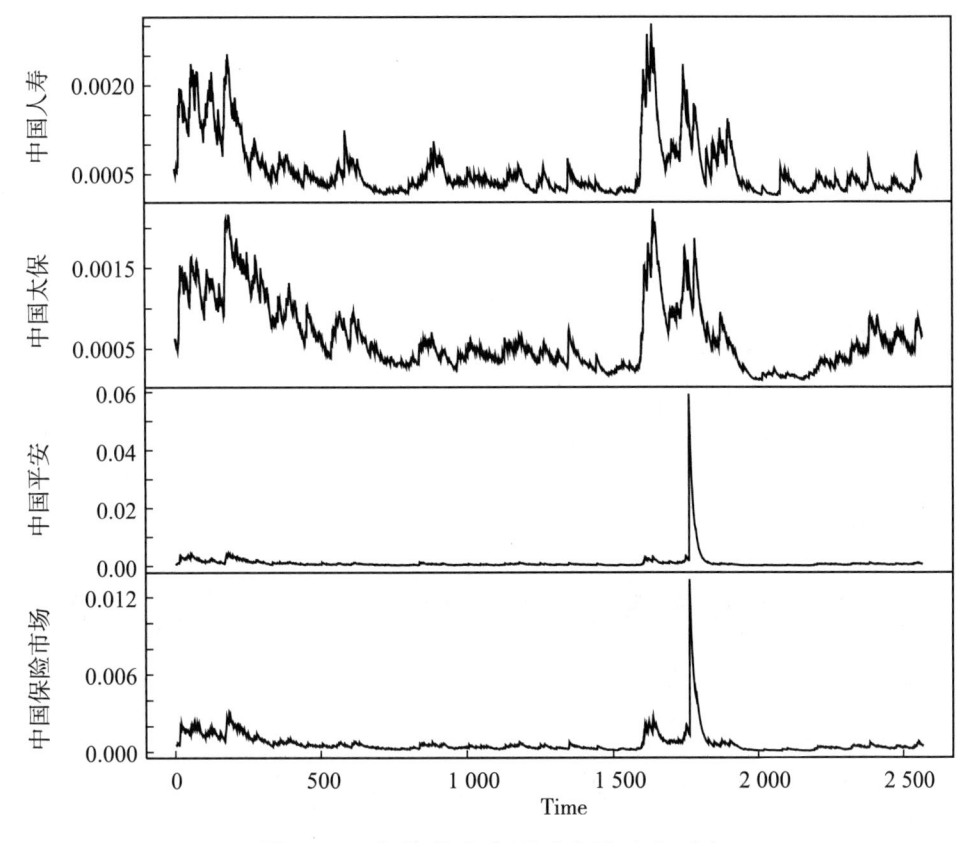

图4-7　各收益率序列动态波动率时序

从图4-7可知，序列1~4的动态波动率走势大致相同，波动剧烈时期和波动平缓时期大致是同一时期，说明我国上市保险公司的收益率波动情况具有一致性，而且和宏观经济环境和保险市场情况的变化相关，在"时间"维度上具有较强的顺周期性特征。由图4-7的纵坐标轴可知，中国平安的收益率波动率在区间［0.001，0.06］之间取值，波动幅度较大，中国人寿和中国太保的收益率波动率取值区间大致相似，在［0.0005，0.0025］之间取值，波动幅度较小。在2008年到2010年期间，各上市保险公司受金融危机影响，收益率波动较剧烈。在2014年到2016年这一时期，各上市保险公司收益波动比较剧烈，可能的原因是受保险监管"放开前端，管住后端"的影响，前端监管放松，保险资金运用渠道拓宽，上市保险公司和资本市场的关联度加强。与此同时，宏观经济环境变动幅度较大，2015 年有股市低迷，这对我国上市保险公司的收益率造成了冲击，事件发生后，政府通过直接在二级市场投资等措施给予了 A 股市场恢复的机会，相应地，我国上市保险公司的股票收益率也逐渐回归平稳。但是，2017 年以来，保险行业监管加严，各上市保险公司的收益率波动渐趋平稳，又受宏观经济下行趋势影响，在图 4-7 中反映，自 2018 年以来，各收益率序列动态波动率呈下降趋势。

二、动态相关系数

通过 DCC 模型可以直接估计得到各收益率序列与保险市场收益率序列的动态相关系数，对各序列的动态相关系数作图得：

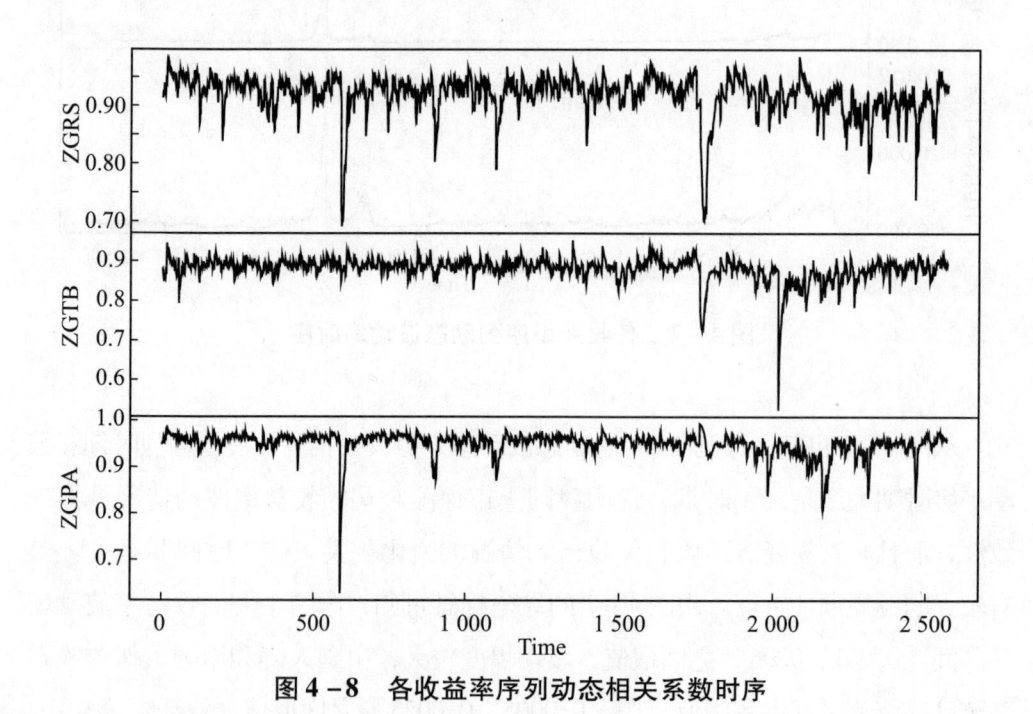

图 4-8　各收益率序列动态相关系数时序

由图 4-8 可知，序列 1~3 与序列 4（中国保险市场）的动态相关系数都较高，在区间 [0.7，1) 内取值，说明我国上市保险公司与保险市场在"空间"维度上具有较高的相关性。其中，中国平安与中国保险市场的收益率相关系数最高,总体在区间 [0.8,1) 内取值,在 2013 年左右相关系数降至 0.7 以下,但依旧显示在同期的三家中其相关性最高。各上市保险公司与中国保险市场的收益率相关系数的走势,在 2008 年到 2010 年期间波动较 2015 年到 2017 年期间波动反而较小,这反映在系统性风险事件发生期间,上市保险公司和保险市场的关联度没有加强,其关联度的加强是在平常风险潜伏期内实现的。在 2015 年到 2017 年这个时期,我国保险业各种经营乱象频发,保险市场发展较快但发展不成熟,而宏观经济下行趋势给我国上市保险公司的资产收益带来较大冲击,进而影响到各上市保险公司的收益率相关系数。最近,银保监会加强了对上市保险公司的资金运用监管,以及各方势力投资和举牌上市保险公司的监管,这些举措有可能使得上市保险公司和保险市场的收益率相关系数发生变化,所以在图 4-8 中反映出 2018 年以来,各收益率序列的动态相关系数呈现下降趋势。

三、MES 值和 ΔCoVaR 值的实证结果比较

将前面估计得到的各收益率序列的动态波动率、动态相关系数、各上市保险公司收益率的在险价值、保险市场收益率序列的尾部期望值分别代入 MES 理论模型（式 3.9）和 ΔCoVaR 理论模型（式 3.15）,可计算得到 MES 值和 ΔCoVaR 值。

1. 对 MES 值作图

从图 4-9 可知,各上市保险公司的 MES 值走势大致相同,且波动区间分布比较相近,和我国的宏观经济环境变化情况具有一致性,说明当宏观经济环境和保险市场整体变化时,上市保险公司的系统性风险水平也会相应地变化。由图 4-9 的纵坐标可知,中国平安受系统性风险的影响最灵敏,整体在 [0.02,0.04] 的区间内波动,中国人寿和中国太保受系统性风险的影响整体在 [0.01,0.03] 的区间内波动。在不同时期,各上市保险公司受保险市场系统性风险影响的方向不同。在 2014 年左右,中国平安的 MES 值达到一个高峰,而其他两家保险公司的 MES 值处于低谷,可能的原因时 2014 年新"国十条"和保险资金投资新政的发布,鼓励保险资金投资,而中国平安保险集团较其他两家更早运用

保险资金进行证券投资，所以和资本市场的关联度较高，从而影响到其受系统性风险敏感度大小。自2015年以后，各上市保险公司的MES值呈上升趋势，明显波动较以往剧烈，可能的原因是2015年到2018年，受"股灾"等资本市场投资风险事件的影响，各上市保险公司的收益率动态波动率波动剧烈，影响到MES值的波动情况。

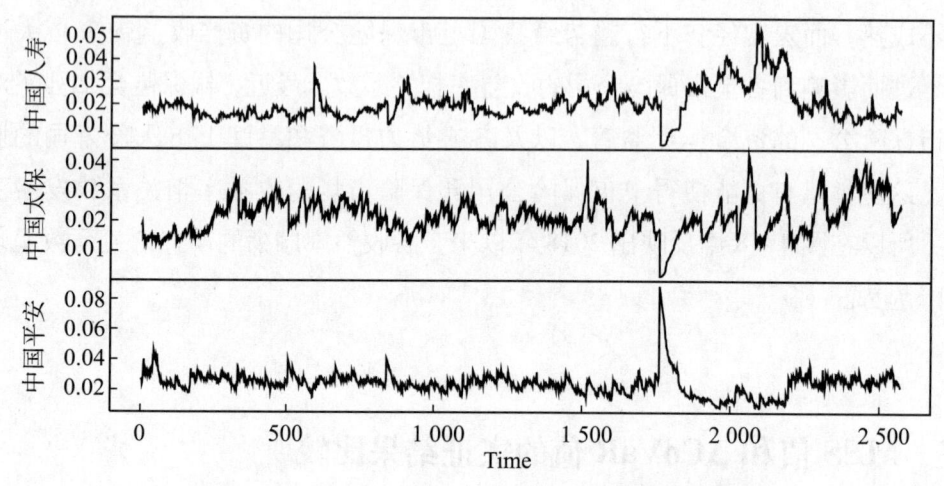

图4-9　各上市保险公司收益率的MES值时序

从"自上而下"的视角来看，各上市保险公司在2008年金融危机后和2015年资本市场"股灾"后，我国上市保险公司受保险市场的系统性风险影响有所增强，说明上市保险公司的受系统性风险影响程度增大会作用于系统性风险事件的发生，反过来，系统性风险事件的发生又会作用于上市保险公司的系统性风险敏感度的增加。

2. 对ΔCoVaR值作图

从图4-10可知，各上市保险公司的ΔCoVaR值走势大体一致，且波动区间比较相近，和我国的宏观经济环境变化情况一致，说明当宏观经济环境和保险市场整体变化时，上市保险公司的系统性风险水平也会相应地变化。由图4-10的纵坐标轴可知，中国平安的系统性风险溢出度总体最高，在区间[-0.0035，-0.0005)内取值，而中国人寿和中国太保的系统性风险溢出度大小相似，在区间[-0.003，-0.0005)内取值。需要特别指出的是，在2014年左右，中国平安的MES值达到一个高峰，而其他两家保险公司的MES值处于低谷，这与

MES 值的走势情况刚好相同，原因也可能相同，说明在同一个时期，各上市保险公司的系统性风险溢出度和系统性风险敏感度的情况大致相同。自 2015 年以后，各上市保险公司的 ΔCoVaR 值波动变得更加剧烈，可能的原因是受"股灾"等资本市场投资投资风险事件的影响，各上市保险公司的收益率波动率波动剧烈导致 ΔCoVaR 值波动剧烈。

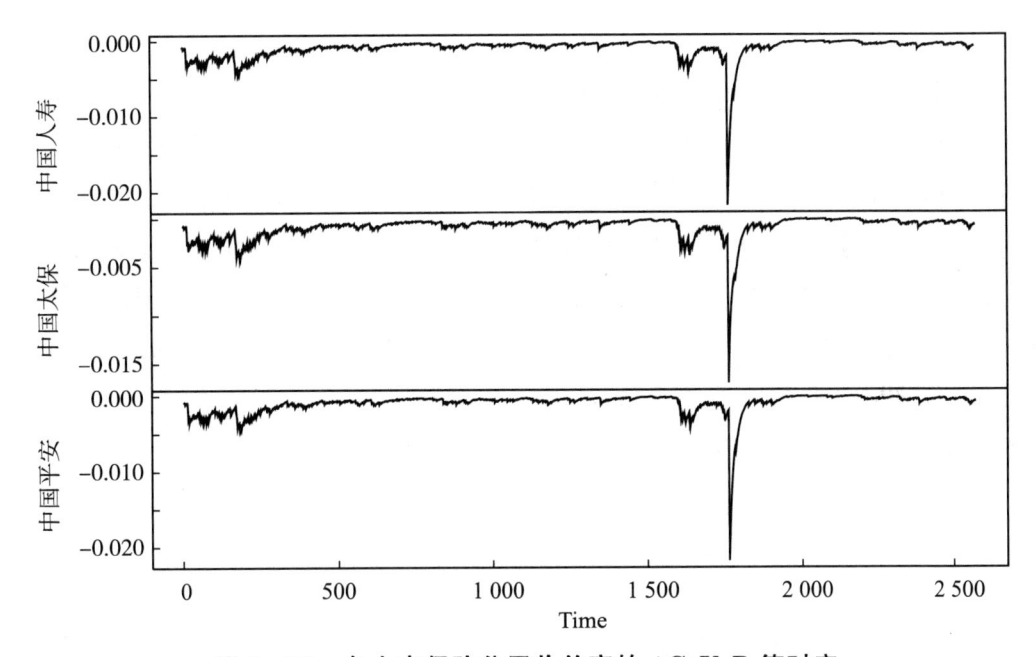

图 4-10　各上市保险公司收益率的 ΔCoVaR 值时序

从"自下而上"的视角看，在 2008 年全球金融危机发生期间和 2015 年"股灾"期间，各上市保险公司的 ΔCoVaR 值增加。在危机过后，各上市保险公司的 ΔCoVaR 值反而减少。这说明各上市保险公司的系统性风险溢出度在系统性风险事件发生时会增强，对系统性风险起到推波助澜的作用。在平常时期，系统性风险溢出度没有太大变化，反映出系统性风险溢出效应仅在系统性风险事件发生时产生，在平常系统性风险累积期间该效应作用不明显。

3. 各上市保险公司 MES 均值和 ΔCoVaR 均值排名

根据 2008 年 1 月 2 日到 2018 年 11 月 22 日的各上市保险公司收益率的 MES 均值和 ΔCoVaR 均值，可以得到我国上市保险公司系统性风险情况的排名如表 4-9 所示。

表 4-9　　　　　　　我国上市保险公司系统性风险情况

排名	公司名称	MES 均值	排名	公司名称	ΔCoVaR 均值
1	中国平安	0.02440615	1	中国平安	0.00139734
2	中国太保	0.02167034	2	中国人寿	0.0009269492
3	中国人寿	0.02039713	3	中国太保	0.0008482185

注：由于 MES 和 ΔCoVaR 为负值，一般取绝对值来进行排名比较。

由表 4-9 可知，中国平安的 MES 均值和 ΔCoVaR 均值都排名最高；中国人寿的 ΔCoVaR 均值排名较高，MES 均值排名最低；中国太保的 MES 均值排名较 ΔCoVaR 均值排名高。结果表明，平均来看中国平安保险集团在我国上市保险公司中系统性风险贡献度和敏感度都最高，具有系统重要性保险机构的特征，与之前国际保险监督官协会发布的全球系统重要性保险机构名单的结果相一致。至此，本书从"自上而下"和"自下而上"两个视角，评估出了我国三家上市保险公司的系统性风险敏感度和溢出度，并分析了我国上市保险公司的系统性风险情况。

第五章
研究结论及政策建议

第一节 研 究 结 论

本书基于 DCC-GARCH 模型，运用 MES 方法和 ΔCoVaR 方法对我国上市保险公司系统性风险情况进行了评估。首先，对上市保险公司的动态波动率进行了度量。其次，通过模型度量了上市保险公司和保险市场之间的动态相关系数。最后，根据 MES 方法和 ΔCoVaR 方法求得各收益率序列的 MES 值和 ΔCoVaR 值，在"时间"和"空间"两个维度上，从"自上而下"和"自下而上"两个视角评估出我国上市保险公司的系统性风险情况，本书实证分析结论如下。

一、我国上市保险公司收益率波动具有顺周期性

由实证结果可知，中国人寿保险公司、中国太平洋保险集团和中国平安保险集团收益率的动态波动率的变化情况与我国宏观经济周期情况吻合，具有明显的顺周期性，可以在"时间"维度上反映我国保险业系统性风险情况。

2008 年前后，我国上市保险公司的资产受金融危机爆发的影响而剧烈波动。2009 年后，宏观经济刺激计划和宽松的监管政策，改善了我国保险市场的经营环境和资产质量，同时也促进了我国保险业的发展，使得上市保险公司的经营状况得到改善，我国上市保险公司收益率的波动较为平稳。2014 年，新"国十条"发布，保险业逐步拓宽保险资金运用渠道，并且鼓励保险资金运用后，一些险资运用乱象频现，导致我国上市保险公司收益率的波动剧烈。直到 2017 年，原保险监督管理委员会开始加严保险业监管，特别是寿险业的监管，我国上市保险公司收益率的波动才开始趋于缓和，这些都反映出我国上市保险公司收益率波动具有顺周期性。

二、我国上市保险公司与保险业的系统性风险关联度高

由实证结果可知,中国人寿保险公司、中国太平洋保险集团、中国平安保险集团与保险市场的动态相关系数都在 [0.7, 1) 的区间内取值,具有很高的相关性,并且是正相关。具体表现为在 2008 年全球金融危机期间,我国上市保险公司与保险业的动态相关系数一直保持较高的水平。这说明在危机时期,上市保险公司与保险业的相关性较平常时期增强,上市保险公司的系统性风险溢出度和敏感度也相应地提高。

三、我国上市保险公司的系统性风险与波动率正相关

由表 5-8 可知,各家上市保险公司的边际期望损失值(MES)波动幅度和条件在险价值溢出度(ΔCoVaR)波动幅度与其收益率的动态波动率的大小成正比,上市保险公司收益率的动态波动率越大,则其 MES 值和 ΔCoVaR 值也越大。上市保险公司与保险市场的动态相关系数都在区间 [0.7, 1) 内波动,差异不大。同时,上市保险公司收益率的估计残差分布尾部期望值和判断保险市场是否处于危机状态的临界值都是描述极端情况的小概率事件的值,所以数值也较小。综上所述,对我国上市保险公司系统性风险溢出度和敏感度影响最大的因素是我国上市保险公司收益率的动态波动率,而影响收益率的动态波动率的因素则还有待进一步地研究分析。

第二节 政 策 建 议

根据实证分析结果,结合宏观审慎监管的要求,本书提出以下几点政策建议。

一、建立保险市场系统性风险的宏观审慎监管理论框架

目前,国内外系统性风险监管都注重"时间"和"空间"维度风险监管相结合的宏观审慎监管,与微观审慎监管相配合,起到"自上而下"和"自下而上"的双向调控作用,有必要根据宏观审慎监管的实施步骤建立我国保险市场的系统性风险监管理论框架。宏观审慎监管的实施步骤主要包括以下几步:

第一步,建立监测系统性风险累积情况的指标体系;

第二步,运用定性和定量指标评估系统性风险累积情况、识别出系统重要性机构并且评估其系统性风险溢出度和敏感度;

第三步,在风险事件发生前,根据评估结果进行动态预警;

第四步,在风险事件发生后,进行政策调节。

随着我国保险市场系统性风险研究的增多,有关保险市场系统性风险的理论体系逐步完善,可以建立适合我国国情的监测系统性风险累积情况的指标体系,并运用定性和定量指标对我国保险市场上的系统重要性机构进行识别和评估,制定宏观预警指标和动态风险调节机制。

本书建议,定量评估系统性风险敏感度和溢出度的方法可以使用 MES 方法和 ΔCoVaR 方法。通过理论比较,可知 MES 方法和 ΔCoVaR 方法较好地从"自上而下"和"自下而上"两个不同视角,结合微观审慎和宏观审慎理念,反映了我国保险市场和上市保险公司的系统性风险现状。同时,基于 DCC-GARCH 模型的 MES 方法和 ΔCoVaR 方法可以反映动态时变的系统性风险情况和上市保险公司的系统性风险关联度,结合"时间"和"空间"维度进行风险评估。

二、评估系统重要性保险机构和业务,进行分类分级别监管

目前,我国保险监管部门已经开始着手构建我国的系统重要性保险机构评估指标体系,在 2016 年发布了《国内系统重要性保险机构监管暂行办法(征

求意见稿)》，之后大量相关研究文献发表，研究如何在国际保险监督官协会（IAIS）构建全球系统重要性保险机构评估指标体系的基础上构建我国的指标体系。

本书建议，除了借鉴国际经验，还有必要根据我国国情对国际指标体系进行调整。由于上市保险公司数量较少且市场份额较大，不仅要评估出系统重要性保险机构，还要评估出潜在的系统重要性保险机构。比如，将中国平安分为第一类，中国人寿和中国太平洋等分为第二类，按级别进行系统性风险监管，分类采用不同的偿付能力监管指标，并增强高级别的保险机构的信息披露程度。同时，还要评估保险集团公司中的系统重要性业务活动，对混业经营业务进行风险防控，特别是银保渠道类的业务活动和创新型寿险业务活动。

三、关注上市保险公司关联度，协调不同监管部门共同监管

我国上市保险公司收益率和保险市场收益率的动态相关系数均较高，说明我国上市保险公司之间的关联度较高。同时，我国上市保险公司多是集团公司，业务经营范围较广，涉及证券、银行和资产管理类业务，和其他金融行业也存在较高的关联度。更重要的是，我国上市保险公司一方面在股市上吸收投资，另一方面也运用保险资金进行投资，在金融体系里面的资金流通中发挥作用，这也相对地提高了我国上市保险公司的系统性风险关联度。关联度提高意味着上市保险公司的外部性会更容易地作用于其他保险公司、其他金融行业和整个金融体系。

本书建议，在宏观审慎监管理论框架下，识别出系统重要性保险机构和业务，然后对他们进行定量分析，运用 MES 方法和 $\Delta CoVaR$ 方法评估出它们的系统性风险敏感度和溢出度，从而根据各自不同的敏感度和溢出度对上市保险公司和其混业经营进行协调监管。保险监督管理部门要和其他金融监管部门合作，比如由央行牵头，银保监会和证监会以及其他监管部门定期开展磋商会议，建立监管信息共享平台，制定贯穿整个业务和经营活动的监管方案和流程，采取"穿透式"监管，减少监管空白，防止监管套利行为的发生。

四、关注保险市场系统性风险动态情况，进行逆周期监管

我国保险市场风险情况与宏观经济周期密切相关，我国上市保险公司收益率的波动情况与保险市场风险情况密切相关，即我国保险业和上市保险公司的系统性风险具有顺周期性，所以有必要采取逆周期监管措施，重点关注我国保险市场的动态变化情况。

国际上，系统性风险的逆周期监管措施常常涉及与货币政策相结合的内容，还包括采取资本缓冲制度、动态准备金制度、动态杠杆率等内容。目前，我国保险监管部门就保险业和上市保险公司的资金运用监管，自2017年以来，呈现从严趋势，重点确保我国经济去杠杆、稳增长和调结构。另外，我国保险公司第二代偿付能力监管体系（C – ROSS）目前已经在全国范围内推行，这相当于我国保险业系统性风险监管资本缓冲制度范畴。

本书建议，利用好偿二代制度对我国保险公司的保险资金进行逆周期调控，根据保险市场收益情况"以丰补歉"。同时，要维持我国保险保障基金的稳健经营，促进行业形成巨灾风险分摊机制，防止保险公司的经营风险和保险业的巨灾风险对我国保险资金的运营收益造成剧烈地冲击，保障我国保险公司的资本充足率和偿付能力。另外，要健全我国上市保险公司的信息披露制度，对保险公司经营情况对保险市场投资者进行定期分析报告。这要求对保险公司的风险进行指标预警，防止投资者和保险消费者的系统性风险预期隐形化，防止他们对市场行情产生一致性预期，从而起到逆周期调控的作用。

五、加强对国际保险集团的监管与追踪

近年来，我国保险行业不断改革与完善，与发达国家的保险市场差距逐渐缩小，我国保险市场逐渐呈现出大小保险公司垄断与竞争的态势，如当前国内人寿市场占比最高的前三位分别是：中国人寿、中国平安、中国太保，占整个市场份额的90%以上，保险集团数量也在增加。随着我国继续推进保险行业对

外开放，批准设立的外国保险公司纷纷进入国内市场，而我国的保险集团也在不断改革与创新，大量涉足国际资本市场和高风险业务，加强了我国保险行业与国际保险市场的关联性，如平安保险在国际上活动十分频繁，如果全球宏观经济形势恶化将势必影响我国的保险行业稳定性，一旦国际保险集团出现风险事件，我国保险公司的偿付能力也会受到冲击。国际保险监督官协会（International Association of Insurance Supervision）已经制定了针对国际保险集团的监督框架，具体准则需要各个国家根据本国国情来设定，2016年国家推出的"偿二代"提出针对保险集团的监管措施，但并未涉及国际保险集团的监管措施，因此有必要建立针对国际保险集团监督的准则。

六、保险风险证券化

保险风险证券化是保险公司的一种风险管理工具，通过将保险公司的资产证券化，来构造保险连接型证券。将这种证券在资本市场上发行，使得保险市场上的风险得以分割和标准化，将承保风险转移到资本市场上去。这种方法丰富了保险业分散风险的方法，且渐渐取代了保险公司传统的再保险的方法。把风险转移到更广泛的资本市场，可以涉及金融市场上更多的证券投资者，这是种典型的通过金融工具来分散风险的方法，常见的有可流通可交易的巨灾期权、巨灾期货、巨灾债券等。其独特的安排和构造，使得保险风险证券化既具有明显的传统的再保险的特征，又发挥了金融衍生工具的作用，是金融市场上的创新产品。对于保险公司而言，相对于传统的再保险方法，保险风险证券化有如下好处。

保险风险证券化可以通过资本市场来为保险业遭遇的超额风险暴露进行融资，这将极大地加强保险公司的承保能力。保险风险证券化搭建了保险市场与资本市场之间连接的桥梁，为保险公司提供了有效的融资渠道，为保险公司创造了在任何时期都拥有充足的损失准备金来应对随时可能发生的索赔的条件。相较于传统的再保险方式，其最大的优点是，保险风险证券化是利用资本市场投资者的资金来为其所承保巨灾风险提供保障。资本市场的资金容量是保险市场所不及的，由资本市场资金作为支撑的保险风险证券化的保障能力也是传统再保险所远不能及的。正是由于这种巨大的保障能力的支撑，保险风险证券化可以增加传统再保险市场承保的范围，使原本难以保障的一些特殊风险得到保障。在传统的再保险市场中，除了累积得非常高的自然巨灾风险暴露超出了传统再保险市场的保障能力以外，还有许多风险不能被承保，如金融风险（利率或汇率风险）、政治风险等，在引入证券化后，这些风险很有可能可以被纳入保障范围内。

保险风险证券化拓宽了保险公司的融资渠道，降低了保险公司的筹资成本。

保险公司传统的资金来源主要是保费收入和投资收益，而保险风险证券化使保险公司能直接得到来自资本市场投资者的资金，扩大了保险公司资金的来源渠道。另外由于实行了风险隔离，特殊目的再保险机构发行的保险风险证券化产品的风险可以与保险公司自身信用风险彻底隔离，不受保险公司自身信用的影响，这些能获得更高等级的信用评级的保险风险证券化产品可以降低保险公司的融资成本。除此之外，保险风险证券化产品的流动性、标准性、透明性比传统的再保险产品高，这些也能降低保险公司转移承保风险的成本。

七、健全保险企业的风险控制机制

健全保险企业的风险控制机制主要包括两个方面，健全企业的内部风险控制和实现企业的风险转移。

首先，要建立健全企业的内部风险控制机制。在保险产品研发过程中，要保持一套标准化流程，强化产品的费率管理。在厘定产品费率过程中，通过提高精算水平、采用先进合理的精算技术、完善数据库等方式保证产品费率厘定的精准性；同时，为了避免下级机构因各种原因篡改产品费率，要完善公司的组织架构以实现对费率的层级管理。除了要确保费率的精准和统一，还要完善保险公司的风险核保机制和理赔程序。针对不同产品、受众群体和保障区域的特征，设立对应的核保标准，可以仔细分析国外同类险种的核保标准并充分借鉴；为防止职权滥用并实现权力控制，可以根据不同的机构层级和核保人等级明确划分相应的核保权限。完善理赔系统，对理赔人员进行合理的配置并设立专家咨询网络，以实现在重大复杂的索赔案件中可以以科学的方式快速准确地评估损失。最后，要加强代理人培训管理制度并建立企业内控机制预警指标体系，包括提高准入机制、加强入职培训、改革薪酬制度、完善绩效指标。设立关于企业的偿付能力指标、赢利能力指标、资产质量指标、产品线指标和经营稳健指标等以实现内部控制的目标。

其次，保险企业不仅要做好内部风险控制工作，还要加强企业的风险转移体系。因为当巨灾风险来临时，仅靠保险公司的资产能力是不足以覆盖巨灾风险暴露的。保险企业要树立通过再保险进行风险转移的理念，通过境内外再保险市场使风险暴露在全国乃至全球范围内得以分散和化解。除了利用再保险渠道，保险企业还要积极学习和采用新型的分散风险的方法，如保险风险证券化工具等。

八、完善保险市场的退出机制

在我国《保险法》《保险公司管理规定》《保险保障基金管理办法》和《保险公司保险业务转让管理暂行办法》的相关规定为我国保险市场规定了较好的退出机制，但也有十分明显的不足之处。一是没有明确具体的法律和政策依据。保险公司的退出机制牵涉多条渠道、多个利益主体，其退出标准、处理方法和程序等异常复杂，而我国缺少对保险公司市场退出的专门性立法，并且当前的法律规定内容抽象，适用性和可操作性较差，虽然《保险法》和《保险公司管理规定》都对保险公司解散、撤销和破产有所规定，但大都是原则性的规定。另外，也没有明确保险企业的破产管理人，容易带来法律纠纷。二是风险预警和危机处理配套机制有待建立健全。在监管中并未建立完善的风险预警系统，监管机构与保险公司之间的信息不对称，不利于风险累积的最终化解，甚至无法化解。总体来看，我们还没有将实践工作经验及时上升到制度层面，风险处置缺乏配套细则和政策工具，没有对市场主体形成有效的压力传导机制。

根据我国当前保险市场退出机制的实际情况，借鉴发达国家的先进经验，我们可以通过完善退出机制的法律体系、明确退出标准、细化退出路径、规范退出流程、丰富退出工具等举措来构建多层次、多渠道、可操作的市场退出机制。保险保障基金制度是退出机制的重要组成部分，保险保障基金制度是我国金融业率先建立的行业风险救助机制，经过了多个阶段的发展完善，尤其是采取公司管理之后成效显著，现有规模已接近1 000亿元，成功处置了两家保险公司，为行业退出机制的实施奠定了较好的经验基础。后续，中国保险保障基金有限责任公司（下称"中保基金公司"）将进一步加大改革创新力度，推动完善保险市场退出机制。科学谋划和稳步推进风险费率制度建设，取代当前的单一费率制度，使基金筹集费率与企业风险适当挂钩，促进筹集公平，充分发挥保险保障基金制度奖优罚劣的功能，促使保险公司自觉加强风险管控，并逐步合理优化保险保障基金结构，夯实处置风险的基础。同时，构建紧急融资机制，设计与处置资金缺口相匹配的融资模式，打通融资链条的各个环节，形成可执行的紧急融资操作指南，提升风险处置的效率和效果。另外，不断完善救济范围和救济标准，细化救济险类，体现救济公平，提高保障类险种的救济标准，为保险公司退出提供有力的保障。

第三节 展　　望

一、不同行业、不同领域的系统性风险的认知存在偏差

目前，学术界对系统性风险含义尚未达成共识，尤其对保险业是否存在系统性风险的争论仍然存在，对系统性风险的不同理解，出发角度不同，都会使得对金融风险的原因、传染机制得出不同的结论。不同行业对系统性风险的认知不同，导致对风险的识别与计量存在不足，从而造成风险的监测与宏观审慎政策与现实情况存在偏差，政策效果达不到预想结果。此外，经济和金融的全球化发展，系统性风险不再处于封闭经济中，许多开放市场国家的金融市场都会受到国际金融市场的影响，国际大宗商品（如石油）价格波动、国际信贷与汇率制度等关联增强，宏观经济政策的外溢效应更加明显，当前对国际之间风

险的传导原理和传染渠道还需进一步深挖和探讨。

二、金融子市场跨市场、跨行业对系统性风险的传导影响

2008年金融危机中，首先由美国次贷危机中证券衍生品的信贷违约风险传染到资本市场，再到保险公司、投资银行，最后是整个金融系统的系统性风险。金融子市场的关联日益加强，如商业银行开展理财产品，要经过信托提供资金支持、券商资产管理、保险风险资产管理等不同的组合形式，各金融子市场业务的相互交叉，风险也随之相互转移。银行和保险在资源配置、风险管理等方面起着重要作用，近年来银行通过保险公司渠道进行间接投资，银行和保险在资金管理和投资组合方面出现同质化，随着利率市场化改革加快，银行和保险业竞争日益激烈，因此2018年4月银监会和保监会合并为银保监会，目的就是针对银行和保险业务交叉监管空白区域，解决监管职责不清晰、监管不到位等问题。目前，对不同子市场交叉业务风险传递的研究还不够充分，在金融业综合经营的背景下对金融各个子市场风险的传染性研究也变得更加重要，未来有待加强这方面的探究。

三、对宏观审慎政策的研究有待深入

宏观监管的目的是健全金融监管体系，守住不发生系统性金融风险的底线，然而监管的宏观目标不够具体，微观上操作性没有确定的标准，学者对宏观监管的研究还较少，未来可从宏观监管政策和货币政策之间关系，以及政策逆周期调控机制的实证性研究入手。除此之外，在互联网时代，中国的互联网金融行业已经排在世界前列，互联网金融催生着更多的金融创新，同时也伴随着更多的风险，国内金融市场面临着新挑战，需要学者去深入研究。

参考文献

[1] 白雪梅、石大龙：《中国金融体系的系统性风险度量》，载于《国际金融研究》2014年第6期。

[2] 白永秀、任保平：《经济转型过程中的系统性风险及防范》，载于《经济纵横》2007年第19期。

[3] 卜林、李政：《我国上市金融机构系统性风险溢出研究——基于CoVaR和MES的比较分析》，载于《当代财经》2015年第6期。

[4] 陈静：《区块链技术下互联网金融的风险演化及防范》，载于《宏观经济管理》2019年第4期。

[5] 陈锋、徐尚朝：《关于做好金融风险防控工作的实践与思考》，载于《金融与经济》2018年第8期。

[6] 陈伟国、张红伟：《后金融危机时代下的金融创新与风险监管》，载于《西南民族大学学报（人文社科版）》2010年第6期。

[7] 陈雨露、马勇、徐律：《老龄化、金融杠杆与系统性风险》，载于《国际金融研究》2014年第9期。

[8] 陈志刚：《金融市场联动与系统性风险》，载于《中国金融》2018年第3期。

[9] 崔琳熠：《金融风险形成机理探析》，载于《中国金融》2014年第14期。

[10] 董青马、卢满生：《金融开放度与发展程度差异对银行危机生成机制影响的实证分析》，载于《国际金融研究》2010年第6期。

[11] 范小云、王道平、方意：《我国金融机构的系统性风险贡献测度与监管——基于边际风险贡献与杠杆率的研究》，载于《南开经济研究》2011年第4期。

[12] 方蕾、粟芳：《全球银行业系统性风险的成因：内忧还是外患？——基于74个国家的比较分析》，载于《国际金融研究》2017年第8期。

[13] 冯超、胡荣尚、王银:《宏观审慎管理视角下商业银行系统性风险研究综述》,载于《浙江学刊》2014年第3期。

[14] 范小云、王道平、刘澜飚:《规模、关联性与中国系统重要性银行的衡量》,载于《金融研究》2012年第11期。

[15] 冯燕、王耀东:《保险业系统性风险传染研究——基于格兰杰因果关系模型》,载于《金融与经济》2018年第2期。

[16] 高国华、潘丽英:《银行系统性风险度量——基于动态CoVaR方法的分析》,载于《上海交通大学学报》2011年第12期。

[17] 高国华:《逆周期资本监管框架下的宏观系统性风险度量与风险识别研究》,载于《国际金融研究》2013年第3期。

[18] 高姗、赵国新:《保险业系统性风险的度量框架与衡量方法研究》,载于《内蒙古金融研究》2014年第1期。

[19] 辜胜阻、刘伟、曹誉波:《防范经济转型期的金融风险》,载于《中国金融》2014年第14期。

[20] 郭金龙、周华林:《保险业的潜在系统性风险》,载于《中国金融》2016年第6期。

[21] 郭金龙、赵强:《保险业系统性风险文献综述》,载于《保险研究》2014年第6期。

[22] 郭卫东:《中国上市银行的系统性风险贡献测度及其影响因素——基于MES方法的实证分析》,载于《金融论坛》2013年第2期。

[23] 和文佳、方意、荆中博:《中美贸易摩擦对中国系统性金融风险的影响研究》,载于《国际金融研究》2019年第3期。

[24] 胡滨:《强化金融监管和风险防范,促进经济高质量发展》,载于《银行家》2018年第7期。

[25] 胡利琴、胡蝶、彭红枫:《机构关联、网络结构与银行业系统性风险传染——基于VAR–NETWORK模型的实证分析》,载于《国际金融研究》2018年第6期。

[26] 黄亭亭:《宏观审慎监管:原理、工具及应用难点》,载于《中国金融》2010年第12期。

[27] 贾彦东:《金融机构的系统重要性分析——金融网络中的系统风险衡

量与成本分担》，载于《金融研究》2011 年第 10 期。

［28］刘志洋：《中国宏观审慎监管有效性检验——基于商业银行系统性风险贡献度视角》，载于《金融论坛》2018 年第 12 期。

［29］李超、姜向中：《金融结构、系统性风险与金融安全网再造》，载于《武汉金融》2015 年第 1 期。

［30］李麟、索彦峰：《经济波动、不良贷款与银行业系统性风险》，载于《国际金融研究》2009 年第 6 期。

［31］梁斯：《中国的货币结构变化与金融风险》，载于《金融理论与实践》2017 年第 5 期。

［32］林鸿灿：《保险机构系统性风险溢出效应的实证研究——基于 AR - GARCH - CoVaR 模型》，载于《深化改革，稳中求进：保险与社会保障的视角——北大赛瑟（CCISSR）论坛文集》2012 年版。

［33］刘乐平、邱娜：《中国系统重要性保险机构评估》，载于《湖南社会科学》2016 年第 5 期。

［34］刘璐、王春慧：《基于 DCC - GARCH 模型的中国保险业系统性风险研究》，载于《宏观经济研究》2016 年第 9 期。

［35］刘超、李元睿、姜超、马玉洁、刘宸琦、谢启伟：《中国证券公司系统性风险测度及演化特征研究——来自 20 家上市证券公司的数据》，载于《中国管理科学》2019 年第 5 期。

［36］刘金霞：《我国系统性金融风险预警与防范研究的回顾与展望》，载于《金融理论与实践》2017 年第 9 期。

［37］刘春航、朱元倩：《银行业系统性风险度量框架的研究》，载于《金融研究》2011 年第 12 期。

［38］刘志洋、宋玉颖：《关联度与系统性风险研究——一个文献综述》，载于《金融发展研究》2015 年第 5 期。

［39］刘志洋：《金融危机后系统性风险压力测试的国际实践及对中国的启示》，载于《西部论坛》2018 年第 6 期。

［40］苗实、刘海龙、潘德惠：《ARCH 模型的研究与探讨》，载于《信息与控制》1999 年第 5 期。

［41］苗永旺、王亮亮：《金融系统性风险与宏观审慎监管研究》，载于《国

际金融研究》2010年第8期。

[42] 牛晓健、吴新梅：《基于复杂网络的再保险市场系统性风险研究》，载于《保险研究》2019年第3期。

[43] 潘泽清：《降低实体经济企业杠杆率》，载于《中国金融》2018年第7期。

[44] 彭刚、苗永旺：《宏观审慎监管框架构建的国际借鉴与中国的选择》，载于《经济理论与经济管理》2010年第11期。

[45] 彭建刚、吕志华：《论我国金融业宏观审慎管理制度研究的基本框架》，载于《财经理论与实践》2012年第1期。

[46] 彭建刚、邹克、蒋达：《混业经营对金融业系统性风险的影响与我国银行业经营模式改革》，载于《中国管理科学》2014年第S1期。

[47] 钱水土、陈鑫云：《国外银行系统性风险研究综述》，载于《经济理论与经济管理》2014年第9期。

[48] 强国令、王梦月：《我国系统性金融风险分析及防范研究》，载于《农村金融研究》2018年第8期。

[49] 阮健弘：《金融深化与货币政策和金融监管》，载于《中国金融》2018年第13期。

[50] 苏如飞：《美国系统性金融风险防控——以富国银行21亿罚单切入》，载于《华北金融》2018年第9期。

[51] 沈小平：《加强穿透式风险管理》，载于《中国金融》2016年第23期。

[52] 沈悦、逯仙茹：《系统性金融风险：来源、最新研究进展及方向》，载于《金融发展研究》2013年第8期。

[53] 宋凌峰、肖雅慧：《经济波动、业务异质性与保险业系统性风险研究》，载于《保险研究》2018年第2期。

[54] 宋清华、姜玉东：《中国上市银行系统性风险度量——基于MES方法的分析》，载于《财经理论与实践》2014年第6期。

[55] 孙祁祥：《新常态下的风险警示》，载于《中国金融》2015年第1期。

[56] 孙伟利、冯治库：《金融危机爆发前投资者预期的变化特征》，载于《甘肃社会科学》2004年第1期。

[57] 孙伟利：《金融系统性风险预期隐性化的假设》，载于《生产力研究》

2004年第12期。

[58] 宋琴、郑振龙：《巴塞尔协议Ⅲ、风险厌恶与银行绩效——基于中国商业银行2004~2008年面板数据的实证分析》，载于《国际金融研究》2011年第7期。

[59] 陶艳珍：《金融文化视角下资本市场系统性风险的成因反思》，载于《金融与经济》2016年第1期。

[60] 陶玲、朱迎：《系统性金融风险的监测和度量——基于中国金融体系的研究》，载于《金融研究》2016年第6期。

[61] 童中文、范从来、朱辰、张炜：《金融审慎监管与货币政策的协同效应——考虑金融系统性风险防范》，载于《金融研究》2017年第3期。

[62] 王向楠、王超：《保险系统性风险及其监管：文献述评》，载于《金融评论》2018年第2期。

[63] 完颜瑞云、锁凌燕：《保险公司与系统性风险的中国视角：理论与实证》，载于《保险研究》2018年第11期。

[64] 王擎、田娇：《银行资本监管与系统性金融风险传递——基于DSGE模型的分析》，载于《中国社会科学》2016年第3期。

[65] 王琳、沈沛龙：《基于DCC-GARCH模型的中国上市银行系统性风险研究》，载于《财经理论与实践》2017年第1期。

[66] 汪川：《我国金融业高增长的成因、风险与对策》，载于《银行家》2017年第8期。

[67] 王国刚：《防控系统性金融风险：新内涵、新机制和新对策》，载于《金融评论》2017年第3期。

[68] 王刚：《新常态下的金融风险防范机制》，载于《金融研究》2015年第2期。

[69] 王力伟：《宏观审慎监管研究的最新进展：从理论基础到政策工具》，载于《国际金融研究》2010年第11期。

[70] 王培辉、康书生：《外部金融冲击、宏观经济波动与金融内在脆弱性——中国宏观金融风险驱动因素分解》，载于《国际金融研究》2018年第4期。

[71] 王雯、张金清、李滨、田英良：《资本市场系统性风险的跨市场传导及防范研究》，载于《金融经济学研究》2018年第1期。

［72］王向楠、王超：《保险系统性风险及其监管：文献述评》，载于《金融评论》2018年第2期。

［73］魏华林：《保险学》，高等教育出版社2013年版。

［74］吴国培、沈理明：《金融风险预警系统的构建》，载于《中国金融》2014年第24期。

［75］吴其明、季忠贤、杨晓荣：《自回归条件异方差（ARCH）模型及应用》，载于《预测》1998年第4期。

［76］吴诗伟、朱业：《互联网金融创新与区域金融风险的实证研究》，载于《金融与经济》2015年第10期。

［77］夏斌：《如何认识和化解系统性金融风险》，载于《银行家》2018年第5期。

［78］谢远涛、蒋涛、杨娟：《基于尾部依赖的保险业系统性风险度量》，载于《系统工程理论与实践》2014年第8期。

［79］徐华、魏孟欣、陈析：《中国保险业系统性风险评估及影响因素研究》，载于《保险研究》2016年第11期。

［80］易诚：《产能过剩与金融风险防范》，载于《中国金融》2013年第19期。

［81］余文君、闻岳春、王泳：《基于金融压力指数的上海A股市场系统性金融风险研究》，载于《上海金融》2014年第7期。

［82］俞树毅、袁治伟：《区域系统性金融风险监测研究》，载于《武汉金融》2012年第10期。

［83］袁薇、王培辉：《保险公司系统性风险溢出效应研究——基于DCC-GARCH-CoVaR模型》，载于《财会月刊》2017年第5期。

［84］张连增、胡祥：《基于分层阿基米德Copula的金融时间序列的相关性分析》，载于《统计与信息论坛》2014年第6期。

［85］张亮、许爱萍、李树生、梁朝晖：《金融体系"系统风险"的理论辨析——与"系统性风险"的区别与联系》，载于《金融理论与实践》2013年第8期。

［86］张陆洋、齐想：《国际系统性金融风险防范模式的转变与启示》，载于《金融论坛》2018年第7期。

[87] 张琳、何玉婷：《基于主成分分析的我国系统重要性保险公司研究》，载于《保险研究》2015 年第 12 期。

[88] 张明：《金融开放中的潜在风险》，载于《中国金融》2014 年第 14 期。

[89] 张世英、柯珂：《ARCH 模型体系》，载于《系统工程学报》2002 年第 3 期。

[90] 张天顶、张宇：《宏观审慎监管、系统性风险及国内外金融监管实践及启示》，载于《证券市场导报》2018 年第 4 期。

[91] 张晓玫、毛亚琪：《我国上市商业银行系统性风险与非利息收入研究——基于 LRMES 方法的创新探讨》，载于《国际金融研究》2014 年第 11 期。

[92] 张晓朴：《系统性金融风险研究：演进、成因与监管》，载于《国际金融研究》2010 年第 7 期。

[93] 张兴、张春子：《警惕金融业加速开放过程中爆发系统性金融风险》，载于《银行家》2017 年第 11 期。

[94] 张运鹏：《基于 GARCH 模型的金融市场风险研究》，吉林大学博士论文，2009 年。

[95] 章番：《中国金融业系统性风险研究》，东北财经大学博士论文，2015 年。

[96] 赵进文、张胜保、韦文彬：《系统性金融风险度量方法的比较与应用》，载于《统计研究》2013 年第 10 期。

[97] 赵以邗：《金融风险防控的认识论与方法论》，载于《武汉金融》2017 年第 6 期。

[98] 郑蕾：《供给侧改革背景下非金融企业杠杆率与金融风险关系研究》，载于《金融发展研究》2018 年第 2 期。

[99] 周幼曼：《近期监管政策对金融机构转型发展的影响分析》，载于《新金融》2018 年第 8 期。

[100] 朱波、卢露：《我国上市银行系统重要性度量及其影响因素》，载于《财经科学》2014 年第 12 期。

[101] 朱冬梅：《中国保险业系统性风险研究》，东北财经大学博士论文，2015 年。

[102] 朱衡、卓志：《保险公司系统重要性识别及其影响因素研究——基于系统性风险敞口与贡献的视角》，载于《保险研究》2019 年第 3 期。

[103] 卓志、吴洪、宋清:《保险业风险管理框架:基于经济周期的扩展建构》,载于《保险研究》2010 年第 7 期。

[104] 卓志、朱衡:《保险业系统性风险研究前沿与动态》,载于《经济学动态》2017 年第 6 期。

[105] Acharya, V. V., Pedersen, L. H., Philippon, T., et al., Measuring Systemic Risk [J]. *Working Paper*, 2017, 29 (1002): 85 – 119.

[106] Acharya, V. V., A theory of systemic risk and design of prudential bank regulation [J]. *Journal of Financial Stability*, 2009, 5 (3): 224 – 255.

[107] Acharya, V. V., et al. On the financial regulation of insurance companies, NYU Stern School of Business Working Paper, 2009.

[108] Adams, Z. R., Füss, R., Gropp., *Spillover Effects among Financial Institutions: A State – Dependent Sensitivity Value-at – Risk Approach*. Social Science Electronic Publishing, 575 – 598.

[109] Adrian, T., Brunner., Meier, M. K.. CoVaR [W]. NBER Working Paper, 2011, No. 17454.

[110] Allen, L., Jagtiani, J., The Risk Effects of Combining Banking, Securities, and Insurance Activities [J]. *Journal of Economics and Business*, 2000, (6): 485 – 497.

[111] Benoit, S. G., Colletaz, C., Hurlin, et al., *A Theoretical and Empirical Comparison of Systemic Risk Measure*. Social Science Electronic Publishing, 2013.

[112] Berger, L. A., Tennyson, J. D. C., Reinsurance and the Liability Insurance Crisis [J]. *Journal of Risk and Uncertainty*, 1992, 5 (3): 253 – 272.

[113] Bernanke, Ben. A letter to Sen Bob Corke [N]. *The Wall Street Journal*, 2009.

[114] Billio, M., Getmansky, M., Lo, A. W., Pelizzon, L., Econometric Measures of Connectedness and Systemic Risk in the Finance and Insurance Sectors [J]. *Journal of Financial Economics*, 2012, 104 (3): 535 – 559.

[115] BIS, FSB, IMF. Guidance to Assess the Systemic Importance of Financial Institutions Markets and Instruments Initial Considerations Background Paper, 2009.

[116] Brownlees, C. T., Engle, R.. Volatility, Correlation and tails for sys-

temic risk measurement [W]. *Social Science Research Network* Working Paper, 2011.

[117] Cummins, J. D., Weiss, M. A., Systemic Risk and The U. S. Insurance Sector [J]. *Journal of Risk and Insurance*, 2014, 81 (3): 489-528.

[118] Diammond, D. W., Diybvig, P. H., Bank Runs, Deposit Insurance and Liquidity [J]. *Journal of Political Economy*, 1983, 91 (3): 401-419.

[119] Engle, R., Dynamic Conditional Correlation: A Simple Class of Multivariate Generalized Autoregressive Conditional Heteroskedasticity Models [J]. *Journal of Business and Economic Statistics*, 2002, 20 (3): 339-350.

[120] Geneva Association. Considerations for Identifying Systemically Important Institution in Insurance [R]. Geneva: Geneva Association, April 2011b.

[121] Geneva Association. Systemic Risk in Insurance: An analysis of insurance and financial stability [R]. Geneva: Geneva Association, March 2010a.

[122] Kaufman, George, G., Banking and Currency Crises and Systemic Risk: A Taxonomy and Review [J]. *DNB Staff Reports* (discontinued), 2000, 9 (2): 69-131.

[123] Park, S. C., Xie, X., Reinsurance and Systemic Risk: The Impact of Reinsurer Downgrading on Property-Casualty Insurers [C]. *Journal of Risk and Insurance*, 2012.

[124] Schwarcz, D, Schwarcz, S. L., Regulating Systemic Risk in Insurance [J]. *The University of Chicago Law Review*, 2014 (1): 1-55.